»Wer einmal dem Zauber einer alten Rose erlegen ist und ein Stückchen Erde bepflanzen kann, der wird früher oder später den Wunsch verspüren, sie zu besitzen.« *Gerda Nissen*

Immer schon war die Beziehung zwischen Rosen und Frauen eine besondere. Lange Zeit war die »Königin der Blumen« allerdings kaum mehr als schmückendes Beiwerk, um weibliche Schönheit zu inszenieren. Doch die Frauen haben die Rose für sich selbst entdeckt – und nicht nur Kaiserin Joséphine und Vita Sackville-West griffen erfolgreich zur Rosenschere. Rosenliebhaberinnen aus aller Welt machten sich um sie verdient: Sie legten berühmte Rosengärten an, brachten neue Züchtungen hervor, beschäftigten sich mit Blütenformen und Düften, erhoben die Rosenmalerei zu hoher Kunst und widmeten sich ihr in Gedichten, Romanen und Briefen.
Sabine Frank stellt uns leidenschaftliche und wild entschlossene Rosenliebhaberinnen vor, für die die Rose wahrlich nicht nur schmückendes Beiwerk war, sondern eine durchaus ernste Angelegenheit.

**Sabine Frank**, geboren 1963, studierte in Leipzig Kulturwissenschaften und arbeitete bis 2003 im Literaturmuseum Romantikerhaus in Jena. Seither behandelt sie als freie Rundfunkautorin Themen der Kulturgeschichte, Literatur und Biologie. Sabine Frank lebt in Thüringen und bewirtschaftet dort einen Bauerngarten. Zuletzt erschien von ihr im Insel Verlag *Die Damen mit dem grünen Daumen* (it 4222, zusammen mit Claudia Lanfranconi).

insel taschenbuch 4437
Sabine Frank
Rosenliebhaberinnen

Erste Auflage 2016
insel taschenbuch 4437
Insel Verlag Berlin 2016
© 2012, Elisabeth Sandmann Verlag GmbH, München

Vertrieb durch den Suhrkamp Taschenbuch Verlag
Umschlag, Innenseiten und Satz: *Schimmelpenninck.Gestaltung*, Berlin
Druck: *CPI – Ebner & Spiegel, Ulm*
Printed in Germany     ISBN 978-3-458-36137-4

Sabine Frank

# *Rosen*~
## Liebhaberinnen

### Ein Leben für Blüte,
### Duft und Dornen

Insel Verlag

# Inhalt

# Ein Leben für Blüte, Duft und Dornen

R osen sind die Gabe einer Göttin. Eos, die Tagverkünderin, streut sie über der Erde aus, und die Menschen sehen den Blütenregen als Morgenröte am Horizont. Die »Rosenfingrige«, wie sie bei Homer heißt, beendet mit diesem großartigen Farbenspiel Tag für Tag die Herrschaft ihrer Schwester, der Mondgöttin Selene, und bahnt ihrem Bruder, dem Sonnengott Helios, den Weg.

Die Göttin aus der griechischen Mythologie ist nur die Erste in einer unendlichen Reihe von Frauen, die mit Rosen in Verbindung gebracht werden. Mit dem Samt ihrer Blütenblätter und dem betörenden Duft diente die »Königin der Blumen« dazu, weibliche Schönheit zu steigern und zu inszenieren. Mehr als alle anderen Blumen wurde sie in

Mythos, Literatur und Kunst zum Symbol für die Reize und die Rätsel des schönen Geschlechts.

Auf den ersten Blick spielten Frauen dabei eine passive, allenfalls dekorative Rolle. Die Rose wurde ihnen geschenkt, schmückte sie oder wurde benutzt, um ihre Schönheit zu preisen und ihre Gunst zu gewinnen. Doch darüber hinaus hatten Rosenliebhaberinnen zu allen Zeiten einen großen Anteil an ihrer Züchtung und ihrer Inszenierung im Garten und in der Floristik. Die Rose inspirierte Künstlerinnen, und weibliche Botanikerinnen leisteten Unschätzbares zu ihrer Erforschung und Verbreitung. Von den vielfältigen Beziehungen zwischen Frauen und der Blume, die unsere Kulturgeschichte wie keine zweite bereichert hat, handelt dieses Buch. Wir möchten nicht nur erzählen, was die Rose aus den Frauen, sondern auch, und vor allem, was Frauen aus der Rose gemacht haben.

Am Beginn stehen Rosenliebhaberinnen, die sich um die Züchtung und Präsentation der Rose im Garten besonders verdient gemacht haben. Natürlich darf Kaiserin Joséphine, die Gemahlin von Napoléon Bonaparte, nicht fehlen. Mit ihren unvorstellbaren finanziellen Möglichkeiten schuf sie im Park von Malmaison, vor den Toren von Paris, die größte Rosensammlung ihrer Zeit. Zwar dürfte die Kaiserin kaum selbst zu Schaufel und Pflanzholz gegriffen haben, dennoch verfügte Joséphine über erstaunliche Pflanzenkenntnis, und die von ihr überlieferten detaillierten Bestelllisten verraten die Kennerin, die genau wusste, nach welchen Raritäten sie suchen ließ. Außerdem zeigte sie die für Rosenfreunde beiderlei Geschlechts charakteristische Besessenheit, wenn sie sich nicht davon abhalten ließ, bei den berühmtesten englischen Gärtnereien neue Pflanzenlieferungen zu ordern, obwohl ihr ruhmreicher Gatte gerade die Kontinentalsperre verhängt hatte.

Wir begegnen der Legende Gertrude Jekyll, der ersten professionellen Gartengestalterin Englands, deren Farb- und Pflanzkonzepte noch heute unsere Vorstellung von einem gelungenen Garten bestimmen. Natürlich spielten auch Rosen in ihren Gärten eine große Rolle. Sie mischte sie mit Stauden, Einjährigen und Zwiebelpflanzen und befreite sie so aus der Isolation im Rosenbeet. Die Schriftstellerin Vita

Sackville-West erschuf sich im englischen Sissinghurst ein Paradies, das noch heute beliebter Wallfahrtsort für Garten-, Rosen- und Literaturliebhaber ist. Dort pflegte sie ihre Vorliebe für die süß duftenden Strauchrosen des Orients und ließ jede Pergola, Trockenmauer oder Hauswand von rankenden Clematis und Rosen überwuchern. Aber wir erinnern auch an Frauen wie die »Rosengräfin« Marie Henriette Chotek, deren Lebensgeschichte zeigt, dass Extravaganz und die Bereitschaft, sich für Blumen finanziell zu ruinieren, keine Privilegien männlicher Gärtner sind. Sie hatte am Südhang der Kleinen Karpaten eine der größten Rosensammlungen Europas zusammengetragen, und vor allem ihr Wildrosenhain muss eine wahre Augenweide gewesen sein. Susan Irvine, die die legendäre australische Sammlung des Züchters

Rosen sind die Gabe einer Göttin. Wenn die Morgenröte die Nacht vertreibt, streut sie Rosenblüten über der Erde aus, und wir Menschen sehen diese als purpurfarbenen Streif am Horizont.

Alister Clark rekonstruierte, steht beispielhaft für die vielen Rosen-
sammlerinnen, ohne die das moderne Wissen über die Rose und die
Vielfalt der heute verfügbaren Arten undenkbar wären und die allesamt
ihre Leidenschaft und Kompetenz einen.

Die Rose als Symbol beschäftigt uns im zweiten Kapitel. Dabei fällt
nicht nur auf, wie ähnlich sich symbolische und mythologische Zu-
schreibungen in allen Zeiten und Kulturkreisen sind, sondern wie oft
sie auch auf der symbolischen Ebene mit der Frau (und der Liebe) verbunden ist: Rot steht naheliegenderweise für Leidenschaft und Sinnlichkeit, Weiß für Unschuld und Jungfräulichkeit. In diesen Zusam-
menhang gehört auch die »Sprache der Blumen«, die zu verstehen im
19. Jahrhundert eine unentbehrliche gesellschaftliche Tugend und Voraussetzung diskret-erotischer Kommunikation war. Als Attribut von
Göttinnen und Majestäten ist die Rose geradezu eine Ikone der abend-
ländischen Kulturgeschichte, und die für Europa prägende christliche
Überlieferung ist überreich an Rosensymbolen – man denke nur an
den brennenden Dornbusch, die Rosettenfenster mittelalterlicher Ka-
thedralen oder an den Rosenkranz.

Angesichts ihrer kulturellen Ausnahmestellung ist es nicht verwun-
derlich, dass die Rose immer ein bevorzugter Gegenstand der Malerei
gewesen ist. Um die Malerinnen und Zeichnerinnen der Rose geht es
im dritten Kapitel. Dass Blumen im Allgemeinen und Rosen im Be-
sonderen bis ins 19. Jahrhundert in so unvorstellbarer Zahl mit größter
Kunstfertigkeit gemalt wurden, hing auch damit zusammen, dass die
natürlichen Exemplare häufig sehr teuer waren – eine Tatsache, der
zum Beispiel Rachel Ruysch oder Anne Vallayer-Coster ihren Ruhm
verdankten. Die Blumen- und Rosenmalerinnen legten ihren Ehrgeiz
vor allem in die präzise Wiedergabe der Natur. Bildwerke von Maria
Sibylla Merian oder der weniger bekannten Mary Lawrance sind deshalb heute nicht nur kunstgeschichtlich bedeutsam, sondern auch als
Quellen der Pflanzen- und Gartengeschichte unentbehrlich. Und es
mag lieb gewonnene Vorurteile des einen oder anderen Lesers bestä-
tigen, dass auch der Übergang von der virtuosen Blumenmalerei zum
kommerziellen Massenkitsch, jedenfalls in Deutschland, mit dem

Namen einer Frau verbunden ist – bis er zur Kenntnis nehmen muss, dass die Kunstwerke von Catharina Klein erst durch deren spätere Vermarktung süßlich verdorben wurden, während die Originale durch botanische Genauigkeit und kompositorische Grazie bestechen.

Jeder, der sich mit Rosen beschäftigt, weiß, dass diese Blumen uns nicht nur durch ihren Anblick entzücken. Vom nachhaltigen Eindruck der Dornen auf den Tastsinn sprechen Goethes »Heidenröslein« und das Märchen vom Dornröschen, aber die Gärtnerin kennt auch die unverwechselbar samtene Oberfläche der Blüten. Der Geschmackssinn wird von Rosenbowle, -pralinen und anderen Delikatessen gereizt. Und was wäre eine Rose ohne Duft, und was der Rosenduft ohne die Frauen, die ihn tragen? Die kosmetischen, medizinischen und kulinarischen Qualitäten der Rose beschäftigen uns im vierten Kapitel. Dort geht es zum Beispiel darum, welche unendliche Mühe es bereitet, Rosenwasser und Parfüm herzustellen, sowie um medizinisch genutzte Rosen in Klostergärten des Mittelalters, französische Rosendelikatessen und den Nutzen, den man Hagebutten bei Schwangerschaft und beim Stillen nachsagt.

Und zum Schluss widmen wir uns den Rosen, die Frauennamen tragen. Ein Buch darüber könnte Tausende Seiten füllen; interessant für unser Thema sind Frauen wie Ellen Ann Willmott, die sich als Autorin eines noch heute gelesenen Standardwerkes über Rosen allen Anspruch auf eine »eigene« Rose erwarb. Wir erinnern am Beispiel von Louisette Meilland an die geschäftstüchtigen Händlerinnen und Unternehmerinnen, ohne die unsere Gärten heute unendlich ärmer wären. Und wir stellen die Lebensreformerin Alma de l'Aigle vor, deren Buch es vermag, den Duft der verschiedenen Rosen in bildhafter Sprache zu beschreiben. Schließlich sollen Frauen wie Madame Gravereaux nicht vergessen sein, deren Namen man in den Geschichtsbüchern vergeblich sucht und die in den nach ihnen benannten Rosen verdientermaßen weiterleben.

Ein Buch, das von einer Pflanze handelt, kommt nicht ohne ein Minimum an botanischem Hintergrundwissen aus. In allen Kapiteln finden sich daher Exkurse oder kurze Hinweise zu Rosenarten, -klassen

und -sorten, ihrer Herkunft, ihren Merkmalen oder ihrer Züchtung. Hier, am Beginn des Buches, wollen wir einen kurzen Blick auf die Naturgeschichte der Rose werfen, der es uns erleichtern wird, ihre Kulturgeschichte – und ihre Verbindung insbesondere zu den Frauen – besser zu verstehen.

Der Überfluss und die Vielfalt heute gezüchteter Rosensorten lassen mitunter vergessen, dass die Rose wesentlich älter als die Menschheit

---

Diese jungen Frauen schmücken sich mit weißen und roten Rosen zugleich und bezeugen so Keuschheit und Leidenschaftlichkeit in einem.

ist. Fossile Abdrücke zeigen rund fünfunddreißig Millionen Jahre alte Rosenblätter. Wildformen der Pflanzengattung *Rosaceae* gibt es in ungefähr einhundertfünfzig Arten, und zwar ausschließlich auf der Nordhalbkugel. Sie tragen fünfblättrige Blüten und unpaarig gefiederte Blätter – also solche, die ein Endblättchen besitzen. Darüber hinaus sind ihnen mehr oder weniger stark ausgeprägte Dornen sowie leuchtend rote Früchte, die Hagebutten, gemeinsam.

Durch Spontankreuzungen dieser Wildarten entstanden die ersten Rosen mit gefüllten Blüten, besonderem Duft und extravaganter Wuchsform, lange bevor Züchter sich an den Versuch wagten, die Natur zu übertreffen. Im Laufe der Jahrhunderte wurden mehrere Tausend Rosensorten gezüchtet. Die Rekonstruktion ihrer Verwandtschaftsverhältnisse ist eine Lieblingsbeschäftigung und gleichermaßen der Zankapfel der Rosenfreunde; bereits der Großmeister der Pflanzensystematik, Carl von Linné, ist an dieser Aufgabe gescheitert.

Wie viele andere Wildpflanzen war die Rose von Anfang an Begleiterin des Menschen, aber kaum eine andere Pflanze hat eine vergleichbare Karriere vorzuweisen. Große Teile unserer Kulturgeschichte lassen sich anhand der Rose erzählen. Bereits in allen antiken Hochkulturen waren sie bekannt und geschätzt. Die ersten Nachrichten über die Kultivierung von Gartenblumen stammen aus dem China des Kaisers Chin-Nun (2737 – 2697 v. Chr.). Die Natur hat China reich gesegnet – etwa die Hälfte der Wildrosen sind dort beheimatet; nicht nur in milden Klimazonen, sondern auch in kühlen Bergregionen, trockenen Hochtälern und am Meer. Kein Geringerer als Chinas größter Philosoph, Konfuzius, fand die Rosen im kaiserlichen Garten der Erwähnung wert. Und schon im Reich der Mitte war sie Vorbild weiblicher Schönheit und zugleich Mittel der Verführung, wie eine Geschichte um 100 v. Chr. belegt: Als der Kaiser Wudi sich eine junge Dame gewogen machen wollte, brachte er ihr eine Rose und begann einen Lobgesang auf die Angebetete, in dem er ihre Schönheit mit der der Blume verglich. Seine Bemühungen hatten Erfolg: Die junge Frau wurde seine Konkubine, und die Rose hieß fortan »Mai Xiao«, was so viel bedeutet wie »ein Lächeln kaufen«.

Schon um 1000 v. Chr. waren die ersten Garten- oder Zuchtrosen aus Persien nach Kleinasien gekommen. Herodot berichtet um 450 v. Chr., dass die Babylonier die Kultivierung der Rose von den Persern erlernt hätten, und beschreibt die Rosengärten des Midas von Thrakien. Auf diesem Weg kam auch die Rose zu ihrem Namen: Aus dem altpersischen *wrodon* über das altgriechische *rhodon* wurde das lateinische *rosa*. Noch heute nennt man Menschen, die sich mit allen Aspekten der Rose beschäftigen, Rhodologen.

Im Palast von Knossos, der antiken Metropole des Königs Minos, begegnet uns die erste bildliche Darstellung einer Rose, und hier, im antiken Griechenland, taucht auch zum ersten Mal die Bezeichnung »Königin der Blumen« auf. Die Dichterin Sappho war um 600 v. Chr. die erste Frau, die die Schönheit der Rose besungen hat. Für sie war die Rose »Auge aller Blumen, Zierde der Erde«: »Es erröten wie die Mädchen nun die Hecken, seht nur hin, oh, die Rose! Ach, die Rose ist der Blumen Königin!«

Bereits Plinius der Ältere erwähnt elf Rosenarten, Vergil in seiner »Georgica« sogar eine zweimal blühende »Rose von Paestum«, wahrscheinlich eine Hybride der Damaszener-Rose. Nördlich der Alpen wuchs vor allem die Hundsrose *Rosa canina*. Ihr gebräuchlicher

Mönche und Nonnen kultivierten in ihren Klostergärten wahrscheinlich zwei Formen der *Rosa x alba*: sowohl die zarte »Semiplena« (hier im Bild) als auch die wuchernde, stark gefüllte *Rosa x alba* »Maxima«.

deutscher Name hat nichts mit Hunden zu tun, sondern verweist darauf, dass sie eine »hundsgewöhnliche«, also eine überall zu findende, anspruchslose Pflanze ist. Diese Rose überwuchert im Märchen vom Dornröschen ein ganzes Schloss, tatsächlich schützte sie Haus und Hof vor Landstreichern und wilden Tieren. Ihre schlichten Blüten mit dem zarten Duft bildeten aber auch oftmals den Rahmen für einen abgeschiedenen Garten, den Rosenhag. Ihm verdanken Hagebutte und Hagedorn ihre Namen. Und schließlich bot die Rose den Dichtern und Liebenden des Mittelalters immer neue Gelegenheiten, im Minnesang mit dem erotischen Doppelsinn von Rosenmetaphern zu spielen. In Gottfried von Straßburgs *Tristan*-Epos etwa hofft der Held, »daz in der dorn iht steche, so er die rosen breche«.

Das christliche Mittelalter pflegte aber nicht nur die Vorstellung vom Paradies als Rosengarten, es erkannte und schätzte auch den irdischen Nutzen der Rose. Karl der Große dekretierte in seiner Landgüterverordnung aus dem Jahr 812: »Es ist unser Wunsch, dass alle Pflanzenarten in Eurem Garten wachsen sollen« und nennt neben Heilkräutern und Gemüse auch die Rosen. Auf den kaiserlichen Gütern und in den Klostergärten fanden sich zumeist Formen der *Rosa gallica*, der Essig-Rose, die zum einen in der Volksmedizin verwendet wurden, andererseits mit der Schönheit ihrer großen gefüllten Blüten die schlichte Hundsrose bald in den Schatten stellten. Ihnen zur Seite blühte die weiße *Rosa x alba*, die als Mariensymbol ein unverzichtbarer Schmuck der Klostergärten wurde.

Wenn man der Legende glaubt, hat im niedersächsischen Hildesheim eine *Rosa canina* aus dem frühen Mittelalter überlebt: Karls Sohn, Ludwig der Fromme, soll hier im Jahr 815 während einer winterlichen Jagd im Wald gerastet haben. Er hängte sein Brustkreuz mit einer Marienreliquie an einen Strauch, und tags darauf blühte dieser Rosenstrauch im Schnee. Ludwig gelobte, neben dem wundertätigen Rosenstrauch eine Kapelle zu erbauen. Auf deren Grundmauern von 818 steht heute der Hildesheimer Dom, und auch den Rosenstrauch kann man noch immer bewundern. Auch wenn sein wirkliches Alter zweifelhaft ist, gilt der »Tausendjährige Rosenstock« als der älteste der Welt.

In den Jahrhunderten, die seither vergangen sind, brachten Soldaten und Händler, Reisende, Pflanzenjäger und Botaniker immer mehr Wildrosenarten aus allen Teilen der Welt zu den europäischen Züchtern und Sammlern – und fast alle von ihnen waren bis in die jüngere Neuzeit Männer. In einem gewissen Sinne war die Frau zwar immer die Hauptfigur der Rosengeschichte – als Geliebte, die mit ihr umworben, verglichen und geschmückt wurde, als Hüterin des Bauerngartens und der medizinischen und kosmetischen Geheimnisse der Rose. Aber von wenigen antiken und mittelalterlichen Ausnahmen abgesehen, bekommen die Rosenliebhaberinnen meist erst in der Neuzeit ein Gesicht, einen Namen und eine erkennbare, eigene Biografie und erobern als Züchterinnen, Künstlerinnen und Wissenschaftlerinnen die Domänen des Mannes. Heute ist es eine Selbstverständlichkeit, dass Frauen ihre Vorstellungen von gelungenen Gärten und schönen Rosen selbst in die Tat umsetzen. Sie bringen ihre Fähigkeit zur Fürsorge, ihre Geduld, ihren Sinn für Farben und Proportionen ein. In gewissem Sinne sind das Gärtnern und die Floristik heute weibliche Künste geworden, in denen Frauen tiefe Spuren hinterlassen haben und die uns auf der ganzen Welt begegnen. Wir haben versucht, einige von ihnen aufzuzeigen.

Dieses Buch erzählt von der Rose als Produkt menschlicher Kulturgeschichte, davon, wie sich die Gedanken, die Religiosität, der Wunsch nach Naturerkenntnis, Schönheit und Liebe in einer Blume spiegeln. Bei diesem Blick in die Vergangenheit sollten wir nicht vergessen, dass auch heute, da man Rosen in unserem Teil der Welt für wenig Geld und zu jeder Jahreszeit kaufen kann, jede Einzelne von ihnen eine Kostbarkeit ist. Wir sollten nicht nur über Rosen schreiben, lesen oder reden, sondern sie dort suchen, wo sie wächst und ihre Schönheit entfaltet: unter der Junisonne in einem Wildrosenhain oder in einem wohlbestellten Garten.

# I

## Gestaltungskunst und Züchterfleiß:

### *Rosenliebhaberinnen im Garten*

Ohne Zweifel ist es für jede Frau angenehm, wenn sie im Wortsinne auf Rosen gebettet wird, wenn sie mit ihnen verglichen wird, sie geschenkt bekommt, ihren Duft genießt. Doch manche der so umsorgten Töchter, Gattinnen und Geliebten waren neugierig genug, dieses etwas klischeehafte Verhältnis von Frauen und Rosen aufzubrechen. Sie wollten mehr erfahren über die Königin der Blumen und selbst zu Spaten und Rosenschere greifen. Von ihnen erzählt dieses Kapitel.

Ab dem 18. Jahrhundert wurde die Beschäftigung mit der Natur zunehmend als »damenwürdiges« Hobby akzeptiert. Den Anfang machte 1771 der französische Philosoph Jean-Jacques Rousseau. Seine *Botanik für Frauenzimmer* wurde schnell in alle europäischen Sprachen übersetzt, und das Wohlwollen der Väter und Ehemänner gegenüber dieser neuen Mode hing wohl mit Rousseaus These zusammen, das Botanisieren würde »aufbrausende Leidenschaften« unterdrücken und von »schädlichen Vergnügungen« ablenken.

Ganz in diesem Sinne geschah die Annäherung an die Natur zuerst über das Trocknen und Zeichnen von Pflanzen. Im Angesicht der unendlich verzweigten Verwandtschaftsverhältnisse und abenteuerlichen Herkunft der Rosenfamilie entwickelte sich die Rose schnell zum idealen Sammlerobjekt. Und so sind viele Rosengärtnerinnen im strengen Sinne Sammlerinnen – aber mit ungeheurer Wirkungsmacht! Kaiserin Joséphine zum Beispiel animierte mit ihrem Enthusiasmus die Rosenzüchter Frankreichs zu Höchstleistungen. Sammlerinnen wie Susan Irvine bewahrten den Nachlass berühmter Züchter vor dem Verschwinden und brachten ihn wieder in Umlauf. Die Journalistin Gerda Nissen identifizierte in geradezu detektivischer Arbeit vergessen geglaubte Alte Rosen, und die englische Schriftstellerin und Gartengestalterin Vita Sackville-West erzählte, wie stolz sie darauf war, die Remontant-Rose »Souvenir du Docteur Jamain« vor dem Aussterben gerettet zu haben: »Niemand interessierte sich für sie, niemand hatte für Nachkommen gesorgt.«

Aber auch dem aufregenden Vorgang der Rosenzüchtung und -gestaltung haben sich die Gärtnerinnen verschrieben. Die fast vergessene Rosengräfin Marie Henriette Chotek brachte Nachzüchtungen aus der Hinterlassenschaft des Rosenvaters Rudolf Geschwind heraus. Und Gertrude Jekyll, die berühmteste unter den Rosengärtnerinnen, schrieb ein ganzes Buch über die unerschöpflichen gestalterischen Möglichkeiten, die jedem offenstehen, der die Rose in Szene setzen will. Der von ihr geschaffene Stil bestimmt noch heute unsere Vorstellungen von einem gelungenen Garten.

# Joséphine, die Rosenkaiserin

**1763 – 1814, Frankreich**

Als Joséphine de Beauharnais im Frühling 1799 La Malmaison kaufte, ein stattliches Anwesen vor den Toren von Paris, war sie seit drei Jahren mit dem korsischen General Napoléon Bonaparte verheiratet. Der hatte die anmutige Kreolin von ihrem vorigen Liebhaber Paul Barras übernommen und im Gegenzug das Kommando über eine ganze Armee erhalten. Joséphines erster Gemahl, der Vicomte Alexandre de Beauharnais, hatte seinen Kopf unter der Guillotine verloren, und die schöne Witwe war nicht eben zimperlich, wenn es galt, sich selbst und ihren Kindern ein Überleben und den gesellschaftlichen

Die rosengeschmückte Joséphine de Beauharnais
auf einem Elfenbeinmedaillon.

22

Wiederaufstieg zu ermöglichen. Doch diese Ehe, die wie ein Kuhhandel begonnen hatte, wurde glücklich. Joséphine ebnete ihrem ehrgeizigen Gemahl den Weg in die Pariser Salons, und dieser finanzierte im Gegenzug ihren luxuriösen Lebensstil. In Malmaison fand das ungleiche Paar ein Refugium, das beiden gleichermaßen behagte: Napoléon, im Grunde eine robuste Soldatennatur, schätzte das ungezwungene Leben im ausgedehnten Park mit seinen Obstwiesen, Stallungen und kühlen Gewässern. Mitunter hielt er am Ufer sogar Kabinettssitzungen ab. Napoléons Außenminister Talleyrand notierte entrüstet: »In Seidenhosen und Seidenstrümpfen auf dem Rasen sitzen! Können Sie sich das vorstellen? Ihm macht das natürlich nichts aus, er glaubt sich immer noch in einem Biwak.«

## *Ein Refugium entsteht*

Während ihr Gatte Land um Land eroberte, verwirklichte die anspruchsvolle und kapriziöse Hausherrin ihre Vorstellungen von einem Park, der nicht nur die Nachbildung einer idealisierten Landschaft sein sollte, sondern zugleich mit Sinnlichkeit, Romantik und Extravaganz aufgeladen wurde. Ihr Obergärtner gruppierte Bäume, schuf Sichtachsen, verteilte Statuen und staffierte diese Szenerie verschwenderisch mit Farben und Düften aus. Überall floss Wasser, am Ufer wiegten sich graziöse Lilien vor düsteren Rhododendronhecken. Auf dem Rasen galoppierten peruanische Lamas, ein einsames Känguru unternahm gelegentlich Fluchtversuche, schwarze Schwäne zogen in einer ganzen Flottille über die Seen, und aus den Vogelbauern rings in den Bäumen sang, krächzte und kreischte allerlei exotisches Federgetier.

In dieser Landschaft voller Wunder konnte Joséphine ihre Lieblingsblume, die Rose, bestens in Szene setzen. Sie blühte entlang der Wasserläufe und in Kübeln auf der Terrasse. Besonders seltene oder empfindsame Exemplare fanden Platz im Gewächshaus, einem für seine Zeit geradezu fantastischen Glaspalast von fünfzig Meter Länge und neunzehn Meter Breite. Hier hortete sie die Pflanzenschätze, die von Expeditionen wie Kriegszügen gleichermaßen nach Paris gesandt wurden. So brachte ihr zum Beispiel Aimé Bonpland, der 1808 ihr Chefbotaniker wurde, aus den Anden die »Rose de Montezuma« mit. In Malmaison stand sie neben einer zarten *Rosa berberifolia*, einer zweifarbigen Seltenheit aus Persien, die gelb mit einem dunkelroten Fleck in der Mitte blüht.

Als Joséphine Malmaison erwarb, gab es in Europa weniger als einhundert Rosensorten. Zu den schlichten fünfblättrigen europäischen Wildrosen waren seit den Kreuzrittertagen andere Schönheiten hinzugekommen: aus dem Heiligen Land die *Rosa gallica*, die Essig-Rose, gefolgt von der *Rosa x centifolia*, der Hundertblättrigen. Persien war die Heimat süß duftender Strauchrosen, und in Konstantinopel wuchsen gar »Rosen aus Gold«, die in Europa bis dahin unbekannten gelben Rosen. All diese Arten hatten den entscheidenden Nachteil, dass sie nur einmal im Jahr für kurze Zeit blühten.

Aus dem fernen China brachten Reisende und Kaufleute indes die Kunde von einer Vielzahl Rosen, die das ganze Jahr über blühten. Die ersten Pflanzen, die unversehrt aus dem Fernen Osten bis nach Europa gekommen waren, wurden »Les rosiers étalon« genannt, was sehr treffend »die Rosen-Zuchthengste« bedeutet. Peter Osbeck, ein Schüler von Carl von Linné, brachte 1752 aus Guangzhou eine mehrmals blühende Rose mit zarten blassrosa Knospen nach Uppsala. Noch heute ist diese Sorte als »Old Blush« im Handel erhältlich und gilt als Stammpflanze der Bourbon-Rosen. 1792 kam die Bengalrose nach England. Ihre Blühfreude war derart überwältigend, dass man sie *semperflorens*, Immerblüher, nannte. Andere »Zuchthengste« wurden die Stammväter der Teehybriden, der Edelrosen. Alexander Hume, Leiter des Handelsstützpunktes der East India Company in Guangzhou, sandte eine wunderbare chinesische Gartenrose, vermutlich eine Hybride aus *Rosa gigantea* und *Rosa chinensis,* an seinen Cousin Sir Abraham Hume nach London, der sie 1809 als *Rosa odorata,* »Hume's Blush Tea-Scented China«, auf den Markt brachte.

Natürlich wollte auch Joséphine all diese Schönheiten besitzen, doch umständlicherweise befand sich Frankreich in den Jahren, in denen die Kaiserin auf Pflanzenjagd war, nahezu ununterbrochen mit

ganz Europa im Krieg. Die Kontinentalsperre verbot die Ein- und Ausfuhr von Waren. Doch die leidenschaftliche Blumensammlerin verfügte in dieser unruhigen Zeit über Mittel und Macht, derartige Hindernisse zu überwinden. Sie erwirkte zum Beispiel eine Sondergenehmigung für John Kennedy, Pflanzenhändler aus Hammersmith, seine kostbare Fracht höchstpersönlich ins Feindesland zu bringen. Und natürlich hatte sie auch Zugriff auf die neuen Vasallenstaaten des Kaiserreichs: Napoléons Bruder Jérôme, König von Westphalen, gebot über einen der ältesten Rosengärten des Kontinents – das Rosarium auf der Kassler Wilhelmshöhe –, und die Kaiserin bestellte dort ungeniert von jeder Rarität ein Exemplar für ihre eigene Sammlung.

Kurioserweise trugen gerade die Handelsbeschränkungen der Kriegsjahre dazu bei, dass sich Frankreich zum weltweiten Zentrum der Rosenkultur entwickelte. Die französischen Züchter ergriffen ihre Chance, die große Nachfrage nach der Modepflanze aus eigener Kraft zu befriedigen. Zudem war in den Jahren vor der Jahrhundertwende das Geheimnis der Blumenzucht endgültig gelüftet worden: Was Linné

---

Im Park von Schloss Malmaison, der ländlichen Residenz von Napoléon Bonaparte und Joséphine, entstand die größte Rosensammlung ihrer Zeit.

theoretisch beschrieben hatte und Gärtnern eher zufällig gelungen war, bestätigten nun Botaniker nach langen Versuchsreihen: Bei künstlicher Befruchtung, bei der Übertragung von Pollen per Hand, ließen sich die Eigenschaften der Elternpflanzen gezielt miteinander vermischen.

Und plötzlich gab es eine wahre züchterische Explosion: Die empfindsamen asiatischen Rosen mit ihrem Farbreichtum und ihren langen Blütezeiten wurden mit den abgehärteten alten europäischen Sorten gekreuzt, und so entstanden im Jahrestakt neue Sorten im Dutzend. Joséphine bekam sie von den damals berühmten französischen Rosenzüchtern – Profis und Amateure gleichermaßen – wie Cels, Boursault, Vilmorin, Parmentier, Descemet und Thouin. Angeblich sollen in ihren Gärten alle damals in Frankreich und darüber hinaus bekannten Rosensorten geblüht haben – mehr als zweihundertfünfzig in sämtlichen Farben und Formen.

Doch zur Rosenkaiserin wurde Joséphine de Beauharnais erst nach ihrem frühen Tod im Jahr 1814 verklärt. Um der historischen Wahrheit Genüge zu tun, sei erzählt, dass Joséphine mit derselben Energie und Leidenschaft, mit der sie ihre Rosensammlung vervollständigte, auch andere möglichst exotische Pflanzen sammelte. Innerhalb weniger Jahre eignete sie sich ein derart umfangreiches Wissen an, dass

Links: Pierre-Joseph Redouté verewigte die Rosensammlung
der Kaiserin in einem opulenten Bildwerk, hier eine Rosa gallica »Pumilla«.
Oben: Joséphine neben einer Büste ihres Sohnes Eugène.

sie reisenden Botanikern regelrechte Wunschlisten mitgeben konnte. Diplomaten und Offiziere hatten Order, aus allen eroberten Gebieten Pflanzen zu senden. Allein aus den Gewächshäusern von Schloss Schönbrunn wanderten achthundert wertvolle exotische Pflanzen als Kriegsbeute nach Malmaison. Selbst gekaperte Schiffe wurden nach Stecklingen, Blumenzwiebeln und Sämereien durchsucht. Im Glashaus von Malmaison wuchsen Bananen, Eukalyptus, Jasmin und Magnolien, gefüllte Päonien, Dahlien, Pelargonien und Kamelien.

Dass gerade Joséphines Rosensammlung unsterblich wurde, ist das Verdienst eines Malers. Pierre-Joseph Redouté verewigte sie in seinem Tafelwerk *Les Roses* (1817/1824). Die meisterliche Ausführung und das edle Arrangement dieser exquisiten Aquarelle trugen dazu bei, dass man diese Blumendarstellungen dauerhaft mit Joséphine assoziierte. Und nicht zuletzt schien die Rose als Königin der Blumen auch ein angemessenes Emblem für die blumenverliebte Kaiserin.

---

Erst nach ihrem Tod wurde Joséphine zur Rosenkaiserin verklärt,
wie hier auf dem Gemälde »La Rose de Malmaison«
von Jean Louis Victor Viger du Vigneau aus dem Jahr 1867.

# Gertrude Jekyll

1843 – 1932, Großbritannien

A ls Gertrude Jekyll mit ihrer Arbeit als Gartenarchitektin begann, war der Rose im Garten ein Ehrenplatz zugewiesen. Das sogenannte *rosary*, zumeist ein rundes oder ovales Beet mit symmetrisch angeordneten Rosenbüschen, war häufig von einer Reihe Pflanzkübel mit hochstämmigen Rosen oder von einem Spalier sorgsam gezogener Kletterrosen eingefasst. Ansonsten bestimmten Teppichbeete mit einjährigen Sommerblumen das Bild sowie Mooshütten, Bänkchen und Statuetten, künstliche Felsen und pittoreske Baumstümpfe – ein beziehungsloses Durcheinander aus allen Stilepochen und Weltgegenden. Zwei Jahrzehnte später, um 1900, hatte sich das Bild völlig gewandelt. Die Rose spielte zwar noch immer eine Hauptrolle, doch wie gänzlich anders trat sie nun auf! Mannshohe Strauchrosen standen in gemischten Rabatten, Rambler-Rosen kletterten in alte Apfelbäume, Wildrosenbüsche markierten den Übergang zur freien Natur, Kletterrosen neigten ihre Blütenkaskaden über Terrassen und Balustraden. Gertrude Jekyll hatte gemeinsam mit dem jungen Architekten Edwin Lutyens das entwickelt, was wir heute unter einem »englischen Bauerngarten« verstehen.

Doch bevor Gertrude Jekyll zur einflussreichsten Gartenarchitektin ihrer Zeit aufstieg, hatte sie schon eine beachtliche künstlerische Karriere hinter sich. Bereits mit siebzehn Jahren studierte sie Malerei an der Kensington School of Art. Sie verehrte den britischen Maler William Turner, begeisterte sich für die Arts-and-Crafts-Bewegung und erlernte ausgefallene Handwerkstechniken. Sie war wohlhabend, geistig unabhängig, zielstrebig und unverheiratet – unabdingbare Voraussetzungen für eine Frau, die sich Ende des 19. Jahrhunderts schöpferisch betätigen wollte. Bald bekam sie Aufträge als Innenarchitektin und gründete ein eigenes Atelier. Doch ein fortschreitendes Augenleiden zwang sie, ihre anspruchsvollen Handarbeiten aufzugeben – sie wandte sich fortan der Gartengestaltung zu.

## Rosen im Cottage-Garten

Als Lutyens und Jekyll sich die englischen Landhäuser zum Vorbild nahmen, trafen sie den Zeitgeist. Die Industrialisierung hatte bereits ganze Landstriche verwüstet, und eine Generation von Künstlern, Philosophen und Sozialreformern verklärte die englische *countryside* mit ihrer schlichten Architektur und den farbenfrohen Bauerngärten zum Sinnbild des guten Lebens. Lutyens baute Häuser aus heimischem Stein und mit traditionellen Handwerkstechniken. Ein System von Terrassen, Parterres, Treppen, Mauern und Wegen unterteilte den Garten und verband ihn zugleich mit dem Haus. In diese strenge Struktur pflanzte Gertrude Jekyll ihre weich fließenden Arrangements.

In ihrem Buch *Roses for English Gardens* von 1902 beschreibt sie, wie dieses ländliche Paradies mit Rosen auszustatten sei. Sie preist die Schönheit alter und neuer Rosensorten und verweist auf deren

Ihr eigener Garten in Munstead Wood war Rückzugsort und Experimentierfeld in einem, hier die große Staudenrabatte.

unerschöpfliche, gestalterische Möglichkeiten. Zuallererst solle der Gärtner nach dem Lieblingsstandort und der natürlichen Wuchsform einer Rose fragen und ihr dann den besten Platz im Garten geben. Die aus dem Himalaja stammende milchweiße *Rosa brunonii* zum Beispiel »klettert am liebsten in ein lichtes Gebüsch oder in einen kleinen Baum«. Nah am Haus würden sich ganz von selbst die duftenden Rosen empfehlen, und am sonnigen Fuß einer Mauer seien zarte und empfindsame Sorten gut aufgehoben. Die Terrasse werde geschmückt vom Zweig einer Kletterrose, das Grün ihrer Blätter korrespondiere mit dem Gras der Wiesenflächen. Für den Gartenhintergrund empfiehlt sie immergrüne Pflanzen, wie Stechpalmen oder schottische Tannen. An diesem Gehölzrand sollten große Wildrosenbüsche stehen und Rambler ihre langen Tentakel in die Bäume strecken. Selbst wer nur eine kleine Fläche zu gestalten habe, solle sie mit dunklen Sträuchern umgeben, vor denen die Rose ihren ganzen Liebreiz entfalten könne.

In ihren Ratgebern zeigt die künstlerisch ambitionierte Gestalterin Sinn für die prosaischen Seiten des Gärtneralltags: Jeder bräuchte einen Geräteschuppen, doch nichts könne hässlicher sein als eine solche Bretterbude, »(…) ein wahres Gerstenkorn. Aber mit einer Kletterrose bewachsen, kann es in drei Jahren ein ansehnliches Ding werden«. Jekyll wirbt zudem für die luftige Pergola, mit Rosen überwuchert. Man solle sie getrost anstelle der Laubengänge platzieren, die bis dato in Mode gewesen waren, und die dunklen Tunnel aus beschnittener Hainbuche einfach absägen.

Vor allem aber holte Gertrude Jekyll die Königin der Blumen aus ihrer Isolation im reinen Rosenbeet. Das hatte in erster Linie ästhetische Gründe. Es ist bekannt, dass die einmal blühenden Rosen die meiste Zeit des Jahres nur Blätter und Dornen tragen und eine ausgewachsene Strauchrose, selbst zur besten Blütezeit, in der unteren Etage kahl und unansehnlich ist. Was lag näher, als Rosen mit anderen Sträuchern, winterharten Stauden und Zwiebelpflanzen zusammenzubringen? Diese wohlgeplante Unordnung hebt die königliche Ausstrahlung der Rose und gewährt darüber hinaus vom Frühjahr bis zum Herbst einen üppigen Blütenflor.

Gertrude Jekyll zeichnete Entwürfe für mehr als dreihundertfünf-
zig Gärten. Ihr Zuhause in Munstead Wood blieb für die exzentrische
und ungesellige Künstlerin Rückzugsort und Experimentierfeld in einem. Ihr Stil trat binnen kürzester Zeit einen regelrechten Siegeszug
an und bestimmt noch heute unsere Vorstellungen von einem gelungenen Garten. Die gartenkünstlerischen Entwürfe sind – ebenso wie
ihre Malerei – inspiriert vom Impressionismus. Sie liebte die ausge-
bleichten Pastelltöne der Mittelmeervegetation: Grau und Violett,
Blasslila, Pink und Silber kombinierte sie mit den warmen Tönen der

Gertrude Jekyll vor ihrem Haus.

Rosen – »Die Farben sind mit der Besonnenheit und reiflichen Über-
legung zu setzen, wie ein Maler sie in einem Bild verwendet.« Zum
ersten Mal arbeitete eine Gartengestalterin bewusst mit unterschied-
lichen Blattstrukturen und legte dabei Wert auf harmonische Farbkom-
binationen – auch hier hegte sie eine Vorliebe für blau schimmernde
Farbschattierungen. Und noch heute pflanzen wir die sogenannten Ro-
senbegleiter, wie den Buntschopfsalbei *Salvia viridis*, wie Katzenminze,
Wollziest und Lavendel, die Gertrude Jekyll vor mehr als hundert Jahren in Umlauf gebracht hat.

>> *Die Liebe zum Gärtnern*
*ist eine Saat, die – einmal ausgesät –*
*auf immer gedeiht.* <<

GERTRUDE JEKYLL

# »Rosengräfin« Marie Henriette Chotek

1863 – 1946, Slowakai

A ls der Rosenzüchter Hermann Kiese im Frühsommer 1914 von
einem Besuch bei Marie Henriette Gräfin Chotek zurückkehrte,
berichtete er auf dem Kongress des Vereins Deutscher Rosenfreunde in Zweibrücken begeistert, wie die Gräfin sich in ihrem mehrere Hundert Morgen großen Landschaftspark einen wahren Wildrosenhain geschaffen habe. Dieser Garten lag in der heutigen Slowakei, am
Südhang der Kleinen Karpaten. Dolná Krupá, in der Donaumonarchie
Unter-Korompa genannt, war Stammsitz der ungarischen Grafen
Chotek. Diese hatten im frühen 19. Jahrhundert rings um ihr Schloss
einen Park im englischen Stil anlegen lassen. In diesen Park ließ sich
Marie Henriette um 1890 ein strohgedecktes »Schweizerhaus« bauen
und begann einen Rosengarten anzulegen. Zehn Jahre später konnte er

sich selbst mit der berühmten Sammlung des Rosenzüchters Jules Gravereaux messen und gehörte zu den größten Rosarien Europas.

Dass sich eine Dame von Adel mit Botanik und Blumenzucht befasste, war nichts Außergewöhnliches mehr. Bemerkenswert aber waren die Leidenschaft und Gründlichkeit, mit der die Gräfin ans Werk ging. Sie suchte die Nähe Gleichgesinnter, wurde Mitglied im Verein Deutscher Rosenfreunde, und die großen Züchter und Sammler schätzten ihre Sachkunde. Sie verfügte natürlich auch über das unvermeidliche Maß an Verrücktheit, das jedem wahren Sammler eigen ist. Als sie auf dem Rosenkongress im Jahr 1910 in Liegnitz von Johannes Böttners Rankrose »Fragezeichen« erfuhr, reiste sie umgehend nach Frankfurt, um sie dort in aller Pracht blühen sehen zu können.

Wie viel Zielstrebigkeit und Ehrgeiz im Rosarium der Gräfin Chotek steckte, belegt allein die Tatsache, dass in einer gesonderten Abteilung die Rosensammlung der Kaiserin Joséphine aus Malmaison nahezu vollständig rekonstruiert war. Ein anderer Teil des Rosengartens beherbergte den Nachlass von Rudolf Geschwind, der vor allem für die Zucht seiner sogenannten »Ungarischen Schlingrosen« berühmt geworden war und das erste Buch zur Rosenzucht in deutscher Sprache abgefasst hatte. Nachdem dieser »Deutsche Rosenvater« im Jahr 1910 gestorben war und die Söhne kein Interesse an dessen züchterischem Erbe zeigten, erwarb die Gräfin seine Sammlung. In der *Rosen-Zeitung* hieß es: »Es sind ihrer bei 2000 [Rosenstöcke], fast lauter eigene Züchtungen Geschwinds, die teilweise, weil es derer zu viele waren, teilweise, weil sie ganz neu sind, sich noch nicht im Handel befinden.« Geschwind hatte sich vor allem auf Wildrosenkreuzungen spezialisiert, denen auch die persönliche Vorliebe der Gräfin galt und die sie fortan wie ihren Augapfel hütete.

Den Ersten Weltkrieg verbrachte Marie Henriette Chotek als Oberschwester im Lazarettdienst. Als sie nach Dolná Krupá zurückkehrte, sah der Park aus wie »eine Begräbnisstätte gefallener Helden«, berichtete ein Besucher. Aber die Gräfin gab nicht auf: »Ich brauche keinen Gärtner. Gärtner bin ich. Ich brauche nur verläßliche Hilfsarbeiter.« Sie gründete eine Rosenschule, und der Verkauf von Schnittblumen

und Pflanzen warf genügend Geld ab, um das verwilderte Rosarium wieder aufzubauen. 1926 war es dann so weit: Sie konnte die erste Nachzüchtung aus dem Erbe von Rudolf Geschwind in den Handel geben – »Geschwinds Nordlandrose«. In der *Rosen-Zeitung* vermeldete sie die »Erfüllung meiner Ehrenpflicht« und pries die robuste und blühfreudige Pflanze an, die Sträucher »groß wie Fliederbüsche« ausbilden würde: »Der Flor ist so außerordentlich reich, daß ein mit diesen imposanten, hohen Sträuchern bestandener Teil meines Rosars wie ein Rosa-Wald aussieht und meine Besucher, alle anderen Rosen übersehend, staunend stehenbleiben.«

Der Ruhm ihrer Rosenschule und ihrer privaten Sammlung beruhte auf deren außerordentlicher Vielfalt. Die Sorten- und Preisliste von 1929 verzeichnete achthundertfünfundachtzig Rosensorten, davon

Marie Henriette Chotek entstammte einem ungarischen Adelsgeschlecht,
der Familiensitz mit Schloss und Park im slowakischen
Dolná Krupá ist heute Museum.

zweihundertachtundzwanzig Schlingrosen, dreiunddreißig Bourbon-Rosen, zweihundertzehn Parkrosen aller Klassen, außerdem Polyanthen und Edelrosen. Doch da war der Zenit des Rosariums von Dolná Krupá schon fast erreicht. Nicht zuletzt ihr idealistischer, wenig merkantiler Sinn trieb Marie Henriette Gräfin Chotek in den Ruin. Unter anderem stiftete sie aus ihrer ohnehin knappen Kasse Geld für in Not geratene Züchter und Sammler. Im Rosarium des Vereins Deutscher Rosenfreunde in Sangerhausen ist ein Brief an die Gräfin vom 10. August 1930 erhalten, in dem ihr Obergärtner Vogel einhundertfünfzig sehr seltene Rosensorten aufgelistet und um die letzten fünfzig eine Klammer gezogen hat mit dem Vermerk »wenn nicht zu unbescheiden«. Dies lässt darauf schließen, dass die Rosen allesamt ein Geschenk waren!

Frances Galante (*1957), »Delphinum & Roses«, 2011,
Philadelphia, Artists' House Gallery.

Doch die fast Siebzigjährige hatte ihre Kräfte aufgebraucht. Ein Besucher schrieb 1934: »Das Rosarium in Dolná Krupá ist nicht mehr, was es einmal war. Der Park geht zugrunde ( … ). Die alte Gräfin lebt einsam und arm in dem großen Schloss ( … ).« Die Zeit begann ihr Zerstörungswerk. Was übrig blieb von Schloss, Park und Rosenschule, ging im Zweiten Weltkrieg unter, und Marie Henriette Chotek, hinfällig und auf die Barmherzigkeit ihrer ehemaligen Bediensteten angewiesen, starb 1946, mitten im Winter, ohne den Trost ihrer geliebten Rosen.

*»Frau Gräfin kennt den Stand einer jeden Rose,*
*kennt genau den botanischen Ursprung*
*und die Porzellantafeln scheinen nur für die*
*Besucher zu sein.«*

DR. GUSTAV BRADA ÜBER
MARIE HENRIETTE CHOTEK

# Vita Sackville-West

## 1892–1962, Großbritannien

Vita Sackville-West war der Ansicht, dass Großzügigkeit eine unverzichtbare oder doch zumindest wünschenswerte Eigenschaft sei – sowohl bei Menschen als auch bei Pflanzen: »Ich weiß, dass ich einen Hang zu den großen, strauchartigen Rosen habe, die sich überall breitmachen, statt mich an die kleinen, geizigen Zwerge zu halten, die wir Teehybriden nennen.« Die ungeliebten Teehybriden verglich sie mit den Damen der besseren Gesellschaft – »wohlerzogen, anpassungsfähig und langweilig«. Den wilden Strauchrosen mit ihrem verschwenderischen Duft hingegen fühlte sie sich verwandt, denn sie seien für sie »die Zigeuner unter den Rosen, ( … ) sie möchten sich ganz nach Belieben in aller Lebhaftigkeit ausdrücken«.

Wir können hier die These wagen, dass jeder Gärtner sich mit den

Pflanzen umgibt, die seinem Wesen entsprechen. Tatsächlich sind der großzügige und im besten Sinne unkonventionelle Charakter und Lebensstil von Vita Sackville-West hinlänglich kolportiert worden: Eine blaustrümpfige Femme fatale sei sie gewesen, standesbewusst, aber auch unerschrocken und unternehmungslustig. Eine schnurrbärtige Lesbierin außerdem, die mit ihrem bisexuellen Mann eine bizarre Ehe führte – womit sie sich sogar über die Maßstäbe der mit Exzentrikern reich gesegneten britischen Oberschicht hinwegsetzte. Sicher hätte sich die Nachwelt noch eine Weile ihrer ungewöhnlichen Lebensgeschichte erinnert und auch ihre Romane und Gedichte gern gelesen. Doch im Gedächtnis bleibt Vita Sackville-West vor allem als Schöpferin eines der berühmtesten und schönsten englischen Gärten und als leidenschaftliche Rosenliebhaberin.

---

Im Innenhof von Sissinghurst Castle klettern rote »Allen Chandler«-Rosen entlang des Torbogens.

Vita entstammte einer der ältesten englischen Adelsfamilien und wuchs in Knole House auf, einem grandiosen Herrensitz in der Grafschaft Kent, wuchtig, vieltürmig und umgeben von mehreren Hundert Morgen Parklandschaft, in der zahmes Damwild graste – Virginia Woolf setzte mit ihrem Roman *Orlando* ihrer Freundin und deren Geburtsort ein Denkmal. Da Vita als Frau von der Erbfolge ausgeschlossen war, verlor sie den heiß geliebten Familiensitz an einen Vetter. Gewissermaßen als Ersatz kaufte sie mit ihrem Mann, dem Diplomaten Harold Nicolson, Sissinghurst Castle, nur ein paar Meilen von Knole House entfernt. Der Garten, den die beiden dort anlegten, ist heute der meistbesuchte auf der ganzen Insel. In jedem Jahr pilgern bis zu einhundertsechzigtausend Besucher hierher, nicht zuletzt, um die legendäre Rosensammlung zu sehen.

Da gibt es zum einen den separaten Rosengarten, in dem die geliebten Strauchrosen mannshoch in den Beeten stehen – die mittlerweile knorrigen, doch gleichwohl robusten Schönheiten, wie die dicht gefüllte Remontant-Rose »Reine des Violettes«, die Gallica-Rose »Tuscany Superb« mit ihren samtig dunkelroten Blütenblättern oder die dunkle, dornenbewehrte Moosrose »Nuits de Young«. Sie alle erfüllen im Juni den umhegten Rosengarten verschwenderisch mit Farbe und Wohlgeruch. Doch dieser Gartenteil allein wäre viel zu klein für die Rosenleidenschaft der Hausherrin gewesen. Auf der Obstwiese findet sich daher eine Kollektion von Wildrosen, und nahezu jede sich bietende Fläche – ob Hausfassade oder Trennmauer, Durchgang, Laube oder Pergola – ist mit Kletterrosen bewachsen, selbst der berühmte »Weiße Garten« findet sein Glanzstück in einer *Rosa mulliganii*, die die zentrale Laubenkonstruktion regelrecht überwuchert hat. Übrigens fehlten auch die verspotteten Teehybriden nicht, doch sie standen dort, wo sie nach Meinung der Hausherrin hingehörten – im Küchengarten, unter all den anderen Nutzpflanzen, wo sie als Lieferanten für den Blumenschmuck im Haus dienten.

Dass Sissinghurst ein Wallfahrtsort für Rosenfreunde wurde, hat einen einfachen Grund: Vita Sackville-West kündigte frühzeitig das britische Lebensmotto »My home is my castle« auf. Ihr Garten war bereits

Als dieses Porträt »Die Dame mit dem roten Hut« entsteht,
ist Vita Sackville-West sechsundzwanzig Jahre alt, verheiratet, Mutter
zweier Söhne und hat gerade als Dichterin debütiert. Ihr zweites Leben
als Rosenliebhaberin und Gartenbuchautorin liegt noch vor ihr.

seit 1938 für Besucher geöffnet. Vor allem ihre Gartenkolumnen hatten dafür gesorgt, die Neugier der Leser und Hörer zu entfachen. Mehr als fünfundzwanzig Jahre lang plauderte sie im Londoner *Observer* und in der BBC unterhaltsam und kenntnisreich über alle Aspekte der »Sträucherwelt«, wie sie es nannte. Sie galt bald als Koryphäe, auch wenn sie immer wieder mit ihrem Laienstatus kokettierte: »Also halten Sie sich nicht an meinen Rat, wenn Sie anderer Ansicht sind.«

Neben dem praktischen Nutzen haben ihre Kolumnen, die man heute noch in Sammelbänden nachlesen kann, einen hohen poetischen Mehrwert. Allein die Beschreibung ihrer Lieblingsrosen gerät ihr zum Gedicht: Sie schwärmt vom »silbrigen Muschelrosa« der »Cupid« oder empfiehlt die »Queen of Denmark« »mit ihrem tiefen Rosa und ihrer gevierteilten Blüte, die aussieht, als ob jemand sie mit einem Löffel umgerührt hätte, wie das ein Kind in einer Schale mit Erdbeeren und Sahne macht«. Dazu gibt es Geschichten, wie jene von einer weißen Kletterrose, deren Name an die Märtyrerinnen Felicitas und Perpetua von Karthago erinnert. Denen wurde vor ihrem Tod die Vision einer Himmelsleiter zuteil: »Das passt zum Namen dieser Rose, denn *Félicité et Perpétue* klettert an einem Baum fast sieben Meter hoch.«

Man könnte meinen, die sprichwörtliche Gartenleidenschaft der Engländer bedürfe keiner zusätzlichen Ermutigung, doch das hieße, den Einfluss so populärer Gartenschriftsteller wie Vita Sackville-West zu unterschätzen. Sie geben der wortlosen Begeisterung der Gartenfreunde Ausdruck, formen zugleich deren Geschmack und beeinflussen den Wechsel der Moden. In den Fünfzigerjahren jedenfalls, gegen Ende ihrer Lebenszeit, erlebte Vita Sackville-West noch den Beginn der Renaissance ihrer geliebten Alten Rosen. Die Alba-Rosen und Gallicas, Damaszener, Zentifolien und Moosrosen kamen wieder in Mode. Von den bescheidenen Blumen zeigte sich die Gärtnerin ihr Leben lang fasziniert: »Sie verlangen so wenig und geben so viel!«

*»Jede Blüte ist wie von Bildhauerhand gestaltet und erinnert an abgerundete Marmorflächen.«*

VITA SACKVILLE-WEST

Victoria Mary Sackville-West, Lady Nicolson,
bekannt als Vita Sackville-West, ca. 1924.

Das Schmuckstück des »Weißen Gartens«
ist eine *Rosa mullinganii*. Diese Wildrose, die 1917 in Südchina
entdeckt wurde, produziert Ende Juni/Anfang Juli
an den bis zu acht Meter langen Trieben
riesige Blütenstände mit bis zu einhundertfünfzig
kleinen weißen Blüten.

# Gerda Nissen

1929 – 1999, Deutschland

Am Beginn dieser Geschichte steht ein Geburtstagsblumenstrauß. Der Rechtsanwalt Hans Hornung aus Meldorf im Kreis Dithmarschen überreichte ihn Anfang der 1970er Jahre seiner Nachbarin, der eben frisch zugezogenen Journalistin Gerda Nissen. Die Beschenkte war von dem üppigen Bukett Alter Rosen derart begeistert, dass sie gern zu einem Gegenbesuch in den Garten des Nachbarn kam. Dieser wiederum bat die Journalistin, ihm gelegentlich bei Nachforschungen zur Herkunft seiner Rosen behilflich zu sein, und so war es dann wohl um sie geschehen, wie sie später schreibt: »Wer einmal dem Zauber alter Rosen erlegen ist und ein Stückchen Erde bepflanzen kann, der wird früher oder später den Wunsch verspüren, sie zu besitzen.«

Doch was genau ist eine Alte Rose? Der Begriff scheint nebulös und

ist doch klar definiert. Er umfasst alle Klassen von Gartenrosen, die vor 1867 gezüchtet wurden. In diesem Jahr kam die erste Teehybride »La France« auf den Markt. Der französische Züchter Jean-Baptiste Guillot hatte sie in einer Saat Teerosensämlinge gefunden – offenbar die Frucht der spontanen Kreuzung mit einer Remontant-Rose. Sie vereint Duft und lange Blütezeit und besitzt die charakteristische, länglich gespitzte Knospe moderner Rosen. Zwar gab es vorher bereits Kreuzungen mit Teerosen, wie zum Beispiel die berühmte »Gloire de Dijon«, doch wurden diese nicht zu den Teehybriden gezählt, sondern nach der Mutterpflanze klassifiziert. »La France« gilt – in diesem Sinne – als die erste moderne Rose.

Viele Rosenzüchter produzieren mit gärtnerischem Ehrgeiz immer wieder Neuheiten, die auf Rosenschauen prämiert und ihnen daraufhin von den Kunden förmlich aus den Händen gerissen werden. So

Die Sammlung Alter Rosen, die Gerda Nissen
zusammengetragen hat, blüht und gedeiht heute rings um
das Landwirtschaftsmuseum in Meldorf.

kommen und gehen die Moden auch in der Rosenwelt – viele Sorten werden nicht mehr weitergezüchtet und sind irgendwann unauffindbar. Das ländliche Dithmarschen dagegen, ein Landstrich zwischen Nordsee, Eider, Elbe und Nord-Ostsee-Kanal, ist eine Bauerngegend, in der auch Traditionelles ganz beiläufig bestehen darf. Und so konnte Gerda Nissen ihre geliebten Alten Rosen auf Kirchhöfen und in den Bauerngärten der Gegend finden; manche Rose war sogar gänzlich in die sogenannten Knicks ausgewildert – dicht mit Hecken bepflanzte Wälle, die Felder voneinander trennen und den Wind aufhalten sollen.

Wer, wie Gerda Nissen, Zufallsfunde vergessener Rosen genau bestimmen will, dem bleibt nichts anderes übrig, als die oftmals komplizierten Verwandtschaftsverhältnisse der Pflanzen zurückzuverfolgen: Ist die Gefundene nun eine Noisette- oder eine Portland-Rose, eine *Rosa gallica* oder eine Damaszener-Rose? Und vor allem: Zu welcher Sorte gehört sie? Diese Bestimmung entwickelt sich mitunter zu einer wahren Detektivarbeit, die Gerda Nissen zu dem komischen Seufzer veranlasste: »Wehe dem, der wissen möchte, was er hat, wie es heißt und wie alt es ist! (...) Er wird hundert Sachen tun, die er vor seiner Liebe zu alten Rosen nur belächelt oder als Verrücktheit abgetan hätte.«

Mehr als fünfzig ihrer Fundstücke hat Gerda Nissen bestimmt. Sie alle sind in ihrem Buch *Alte Rosen* von 1984 versammelt, das mittlerweile zu den Klassikern der Rosenliteratur zählt. Die Journalistin hat darin jeder Pflanze ein kleines Porträt gewidmet und zeigt hier die seltene, glückliche Kombination von Sachverstand und poetischer Gabe. Sie erzählt, zum Beispiel, wie sie beinahe an einer *Rosa gallica* »Versicolor« vorbeigegangen wäre: »Der Strauch war zwergig, mit der Sense gemäht und die Triebe, die ich barg, kaum länger und dicker als Zahnstocher.« Eine weitere Anekdote handelt von einer Pastorenfrau im Lüneburgischen, die unter den Trümmern eines alten Hauses einen Wurzelstock ausgrub, eine »Rose de Resht«, wie sich zeigen sollte, die ihr fortan »von Juni bis September (...) [ein] weithin funkelndes Blühen« schenkte. Gerda Nissen preist außerdem die Sanftmut der dornenlosen »Zéphirine Drouhin« – »nie einen Kratzer, nie ein böses Wort!« – und bewundert an anderer Stelle die Durchsetzungskraft

einer *Rosa x centifolia* »Major«, die sich in einem Dickicht zwischen Traubenkirschen und Weißdorn behauptet: »Wenn im Juli der üppige Flor ihrer leicht gesenkten rosa Blüten die Wirrnis durchbricht (…), dann möchte man den Hut ziehen vor so viel Schönheit und Lebensmut.«

Das ausgerechnet die Alten Rosen im harten norddeutschen Klima so lange überlebt haben, ist kein Zufall. Die meisten von ihnen blühen nur einmal früh im Jahr, das heißt, im Herbst ist ihre Wachstumsphase längst abgeschlossen. Die Zweige sind ausgereift und verholzt und trotzen selbst strengem Frost. Sie brauchen also im Frühjahr nicht zurückgeschnitten zu werden – das wäre auch keine gute Idee, denn die meisten blühen am vorjährigen Holz. Zu berücksichtigen ist jedoch auch, dass sich viele der vergessenen Rosenstöcke in ihrer hundertjährigen Existenz bei der Schädlingsbekämpfung auf die Assistenz von

Frances Galante (\*1957), »Champagne Colored Roses«,
2011, Philadelphia, Artists' House Gallery.

Marienkäfern und Vögeln haben verlassen müssen und so ganz nebenbei bewiesen, dass sie sehr gut ohne die pflegende Hand des Menschen
zurechtkommen können.

Heute werden wieder viele alte Rosensorten nachgezüchtet – eine
Tatsache, die wir letztlich Enthusiasten wie Gerda Nissen verdanken.
Mit ihrem Einsatz und ihren Büchern lenkte sie das Interesse der Züchter wieder auf die in Vergessenheit geratenen Rosen und sorgte somit
dafür, dass sie nicht für immer verloren waren. Wer ihre Sammlung
bewundern will, findet sie im Rosengarten des Schleswig-Holstei-
nischen Landwirtschaftsmuseums in Meldorf. Hier wurde auch ihr Rat
beherzigt, einen Platz »zum Ausruhen vom Unkrautziehen« neben
den Rosenbüschen anzulegen, denn der Duft der Rosen gewähre einen
Genuss, »der gar nichts kostet und der so alt ist wie die ersten Gärten,
die der Mensch sich schuf«.

>>*Wer einmal dem Zauber einer alten Rose
erlegen ist und ein Stückchen Erde bepflanzen kann,
er wird früher oder später
den Wunsch verspüren, sie zu besitzen.*<<

GERDA NISSEN

# Susan Irvine

**\*1928, Australien**

Ihren ersten Garten in der Nähe von Melbourne nannte Susan Irvine zutreffend den »Garten der tausend Rosen«. Die wärmeliebenden Sträucher gediehen hier zu erstaunlicher Größe und Pracht. Die Rosenliebhaberin hatte zum Beispiel die üppig blühende Sorte »Bleak House« gezüchtet, eine leicht gefüllte Hybride der *Rosa rugosa* mit kräftigem Duft, und pflanzte davon eine mehr als einhundert Meter lange, übermannshohe Hecke.

Die ehemalige Lehrerin Susan Irvine fand erst spät
zu ihrer Leidenschaft und betreut noch heute, in hohem Alter,
auf ihrer Farm in Tasmanien Hunderte von Rosenstöcken.

Von Mitteleuropa aus betrachtet, ist der Südosten Australiens ein wahres Rosenparadies: Zwar herrschen dort mitunter lange Trockenperioden, diese werden jedoch durch milde Winter und jede Menge Sonnenschein aufgewogen. Kaum zu glauben, dass der australische Kontinent ursprünglich gar nicht mit Rosen bedacht war! Deren natürliches Verbreitungsgebiet liegt in der nördlichen Hemisphäre zwischen dem Polarkreis und dem Wendekreis des Krebses, vom siebzigsten bis zum zwanzigsten Breitengrad. Die meisten der rund einhundertfünfzig Wildrosenarten stammen aus Asien, andere sind zwischen Alaska und Mexiko beheimatet, in Sibirien, Persien und im Kaukasus, oder in ganz Europa und rings ums Mittelmeer.

Als die ersten Siedler Ende des 18. Jahrhunderts nach Australien kamen, hätten sie sich mit der faszinierenden Flora ihrer neuen Heimat zufriedengeben können, mit den zart gefiederten Eukalyptusblüten, den stark duftenden, allgegenwärtigen Akazien, den prachtvoll blühenden Banksien, den Lilien, Malven und Orchideen – doch weit gefehlt. Schon bald ließen sie sich aus der alten Heimat Rosensamen kommen. Es spricht für das genetische Potenzial und die Wandelbarkeit der Rose, dass sie heute den gesamten australischen Kontinent besiedelt hat. Einige Wildrosenarten, wie die aus Europa stammende Weinrose (*Rosa rubiginosa*), sind sogar ausgewildert. Doch ansonsten benötigte es menschliche Hilfe. Vor allem der Züchter Alister Clark erwarb sich unsterblichen Ruhm bei seinen Versuchen, gartentaugliche Rosen speziell für das australische Klima zu züchten. Als Clark 1949 starb, hatte er etwa einhundertfünfunddreißig verschiedene Sorten hervorgebracht, doch niemand fand sich, sein züchterisches Erbe zu betreuen. Erst Susan Irvine suchte in den 1980er Jahren gemeinsam mit dem Rosengärtner John Nieuwesteeg die außergewöhnlichen Rosen des Alister Clark, um sie vor dem gänzlichen Verschwinden zu bewahren. Clark hatte seine Züchtungen oftmals nach Damen seiner Bekanntschaft benannt, und Susan Irvine fand manche Rose noch im Besitz von deren Nachfahren. Immerhin fast fünfzig Rosen konnte sie auf diese Weise vor dem Vergessen retten. Züchter haben sich der Fundstücke angenommen, und heute sind sie wieder im Handel erhältlich.

Susan Irvine selbst ist keine professionelle Gärtnerin. Sie stammt aus Dalby, Queensland, und ist dort, wie sie selbst sagt, ganz ohne Rosenduft aufgewachsen. Sie studierte sowohl in Brisbane als auch in Heidelberg, und erst nach einer langen Karriere als Lehrerin für Deutsch und Philosophie konnte sie sich nach ihrer Pensionierung 1982 ganz ihrer Rosenleidenschaft widmen. Für die Rettung von Clarks Werk wurde sie mit dem *Deane Ross Memorial Award* der australischen Rosenzüchter ausgezeichnet.

Diese Ehre ist mehr als berechtigt, wenn man sich anschaut, welch einzigartige Schätze Susan Irvine da bewahrt hat: Clark verwendete am liebsten die aus Myanmar stammende Wildrosenart *Rosa gigantea* zur Zucht, die handgroße, zart cremefarbene Blüten hervorbringt und bis zu dreißig Meter in Bäume steigt, raumgreifend und kaum zu bändigen. In Europa tauchte diese ausgesprochen frostempfindliche Wildrose

Gustave Caillebotte, »Rosen im Garten in Petit Gennevilliers«,
1886, Privatsammlung.

lediglich mitunter im Mittelmeerraum auf. Clark machte aus dieser Not eine Tugend und züchtete seine »australischen Rosen«: »Nancy Hayward« zum Beispiel, mit ihren riesigen dunkelroten Einzelblüten an sechs Meter langen Ranken, aber auch verhältnismäßig kleine Sträucher, wie »Sunlit«, eine zarte, cremerosa Schönheit von intensivem Duft, die kaum einen Tag im Jahr ohne Blüten ist.

In ihrem Buch *A Hillside of Roses* hat Susan Irvine alle wiedergefundenen Rosen aufgeführt, doch sie erweist auch anderen Züchtern und Enthusiasten ihre Reverenz. In *Rose Gardens of Australia* erzählt sie von Rosenliebhabern, die auf diesem Kontinent der Witterungsexzesse für jedes Klima die passende Rose gefunden haben: Wie sich Rugosa- und Banks-Rosen im ausgedörrten Outback tapfer behaupten und Teehybriden wie »Minnie Watson« in einem schattigen Park gedeihen, wie sogar in Meeresnähe »Leander« fast zwei Meter hohe Sträucher

---

Auf dem ehemaligen Anwesen von Susan Irvine, Bleak House, wird heute die Hinterlassenschaft des australischen Rosenzüchters Alister Clark gepflegt.

ausbildet und »Moonlight«, üppig kletternd, einen formalen, modernen Garten verzaubert.

All diese Enthusiasten haben in Susan Irvine eine würdige Mitstreiterin. 1996 kaufte sie mit ihrem Ehemann Bill den einsam gelegenen, heruntergekommenen Herrensitz Forest Hall im Norden Tasmaniens, eine klassische Parklandschaft mit Eichen, Ulmen und Linden. Binnen weniger Jahre gaben sie Haus und Garten die frühere Schönheit zurück. Susan Irvine pflanzte in dieses englisch anmutende Elysium mehr als achthundert Rosenbüsche. Neben ihren geliebten Clark-Rosen wachsen hier vor allem Wildrosen mit großen, lockeren Blüten und gewaltigen Dornen. Die Hausherrin meint, deren lockerer Wuchs – manchmal ein ausladender Busch oder auch ein Kletterer, dessen Ranken sich bis in die Krone der alten Bäume verlieren – passe besser zu den im Hintergrund grasenden Stuten und Fohlen am Berghang als die formalen englischen Rosengärten.

Die Journalistin Jennifer Stackhouse, die im Frühjahr 2011 die mittlerweile Achtundachtzigjährige in Tasmanien besuchte, erzählte begeistert, wie diese arbeitet: Der Gärtner sei gekommen, um den überall wuchernden Holunder zu entfernen. An einer Stelle, an der zwei besonders große Holunderbüsche ausgegraben wurden, wollte die Hausherrin einen hohen Torbogen errichten lassen und überlegte nun, welche Rosen sie an dessen Fuß pflanzen solle, sodass sie hinaufkletterten: »Das ist das Vergnügen am Gärtnern, dass wir sogar aus einer zerstörerischen Arbeit etwas Neues erschaffen können.«

Katherine Fraser, »Little Secrets«, 2010.

## II

# Frömmigkeit und Liebeszauber:
## *Die vielfältige Symbolik der Rose*

Keine Blume hat so viele Gärtner, Liebespaare, Kunsthistoriker, Lyriker
und Maler um den Verstand gebracht und zu großen Werken inspiriert
wie die Rose. Ihre Schönheit und ihr Duft machten sie schon früh
zur Hauptdarstellerin in fast jedem Garten und zu einer Hauptfigur
der Kulturgeschichte. Dabei spielten die Beziehungen, die zwischen
Frauen und Rosen von der Mythologie, der Kunst, den Glaubenslehren
und der Literatur gestiftet wurden, eine zentrale Rolle. Alle Epochen

und Kulturen haben die Schönheit der Rose und ihren Duft mit Frauen verbunden – als Metapher, Name oder Kompliment, als Synonym vergänglicher Schönheit, als Ikone in der bildenden Kunst oder als Motiv in der Literatur und Mythologie.

Die Farben der Rose assoziiert man fast überall mit denselben symbolischen Bedeutungen, und es war ratsam, sich in der Blumensprache auszukennen, vor allem, wenn man das Herz seiner Angebeteten erobern wollte. Eine weiße Rose bedeutet Reinheit und Treue, eine gelbe hingegen Wankelmut. Eine rote steht für die große Liebe, und mit der Farbe Rosa lässt sich nichts falsch machen.

Nicht nur Rosenfreunde, sondern auch Kulturhistoriker und Soziologen haben versucht zu ergründen, wie eine einzige Pflanze eine derart universelle Symbolkraft erlangen konnte. Es mag an ihrer mittlerweile weltweiten Verbreitung liegen, an ihrer majestätischen und zugleich sinnlichen Anmutung, ihrer Vielgestaltigkeit und ihrem einzigartigen Duft, aber auch an ihrer Unerreichbarkeit, denn wer sie berührt, wird gestochen. Und so liegt es nahe, ihre Dornen als eine Mahnung dafür zu sehen, dass jedes Glück gefährdet ist. Am Ende bleibt die überwältigende und inspirierende Schönheit der Rose dennoch ein Rätsel. Bereits der persische Poet und Mystiker Jalal al-Din Rumi versuchte im 13. Jahrhundert, dieses Geheimnis zu entschlüsseln: »Ich fragte die Rose: von wem hast du diese Schönheit gestohlen? Die Rose lachte zart und ohne Scham, aber was hätte sie auch sagen sollen?«

Als Aphrodite zum ersten Mal einen Fuß auf die Erde setzte, soll ihr zu Ehren ein weißer Rosenstrauch erblüht sein. Homer erzählt, wie die Göttin der Liebe und der Schönheit ihrem Gemahl Hephaistos untreu wurde und dieser aus Rache seinen Nebenbuhler erschlug. Die untröstliche Göttin eilte zu ihrem sterbenden Geliebten und trat dabei in die Dornen der Rose. Ihr Blut färbte die weißen Blüten rot. Fortan stand die weiße Rose für reine, himmlische Liebe, während Rot die Farbe der Begierde und Leidenschaft wurde.

Es ist erstaunlich, mit welcher Beständigkeit sich diese Symbolik über die Jahrhunderte hinweg und in vielen Kulturkreisen erhalten hat. Eine persische Legende erzählt von einer Nachtigall, die die Schönheit der weißen Rose mit ihrem Lobgesang pries. Ihre Begeisterung ließ sie alle Vorsicht vergessen: Als sie sich auf einem Zweig niederließ, durchbohrte ein Dorn ihre Brust, und die Blutstropfen färbten die Blütenblätter rot.

Auch in Ägypten stand die rote Rose für bedingungslose Hingabe. Kleopatra hatte sich als Liebesgöttin Isis kostümiert, um den römischen Feldherrn Marcus Antonius zu umgarnen, und empfing ihn in einer goldenen Barke mit purpurfarbenen Segeln, bekränzt von schweren Rosengirlanden. In ihren Privatgemächern verströmten Rosenbuketts betörenden Duft, und auf dem Gartenbassin schwamm ein dichter Teppich von roten Rosenblättern. Um den Bedarf ihrer verschwenderischen Herrscherin an Rosen zu decken, legten findige Gärtner im oberen Niltal die ersten Rosenplantagen an. Doch sie belieferten nicht nur den Hof, sondern konnten damit auch auf den Marktplätzen der Umgebung gute Geschäfte machen. Schließlich brachten auch die weniger begüterten Ägypterinnen Rosen als Opfergaben in den Tempel der Isis, dem ägyptischen Pendant zu Aphrodite.

An den Kult- und Opferstätten für Frigga, der germanischen Göttin der Liebe und Fruchtbarkeit, pflanzte man die Hundsrose *Rosa canina*, die am Niederrhein auch heute noch als »Friggas Dorn« bekannt ist. Die Göttin soll Beistand bei Schwangerschaft und Geburt gewähren, und nach glücklich überstandener Entbindung vergruben Hebammen oftmals die Nachgeburt unter einem Rosenbusch. Selbst nach der

Christianisierung hielten sich diese und ähnliche Rituale noch über Jahrhunderte. Weil der neue Glaube für die gefahrvolle Entbindung neben Gebeten nur wenig Hilfreiches zu bieten hatte, vertrauten die Frauen lieber auf den Schutz der heidnischen Göttin.

Dieses Vertrauen war durchaus in der Praxis erprobt. In einem Zwischenreich aus Aberglaube und Pflanzenkunde hielten sich Beschwörungsformeln und Hausrezepte. Man braute aus den Hagebutten der Wildrose stärkende Tees für Wöchnerinnen. Andere Rezepte scheinen heute ausgesprochen fragwürdig. So führten im Mittelalter Bader und Apotheker den sogenannten Schlafapfel als Mittel gegen Schlaflosigkeit. Man legte ihn unters Kopfkissen oder den Säuglingen in die Wiege. Diesen Schlafapfel, eine zottige Wucherung am Rosenzweig, bringt *Rosa canina* nach dem Stich der Rosengallwespe hervor, doch erwiesenermaßen hat er keine Wirkung auf unsere Gesundheit. Mit ihm verband sich wohl die Erinnerung an altgermanische Zeiten, als eine

---

Kleopatra empfängt Antonius unter einem Baldachin von roten Rosen,
dem Attribut der Liebesgöttin Isis.

dichte Dornenhecke um Haus und Hof einen einigermaßen ungestörten Schlaf gewährt hatte. Von dort aus ist es übrigens nur ein kurzer Weg bis zum Märchen vom Dornröschen, das inmitten einer Rosenhecke seinen hundertjährigen Schlaf hält.

Die christliche Bilderwelt griff auf Attribute der heidnischen Göttinnen zurück und verlieh die Rose der Jungfrau Maria – selbstredend nicht die rote Rose, sondern die weiße – als Zeichen der reinen, jungfräulichen Liebe. Die frühesten verbürgten Überlieferungen der Marienverehrung stammen aus der Ostkirche. Wahrscheinlich bereits im 6. Jahrhundert entstand der »Hymnos Akathistos« »an die allerheiligste Gottesgebärerin und Immerjungfrau Maria«, und schon hier wird Maria mit einer Rose verglichen.

Die Perlenschnur, an der man die vorgeschriebenen Litaneien der Marienverehrung gewissermaßen abzählen kann, heißt noch heute Rosenkranz. Die Vorstellung, diese Gebetskette könnte ursprünglich aus aufgefädelten Rosenblüten bestanden haben, ist zwar sehr poetisch, aber wahrscheinlicher ist, dass auch dieser Begriff auf die symbolische Zuordnung der Rose zu Maria zurückgeführt werden muss. Eine Legende berichtet, wie ein Gläubiger eine Marienstatue mit einer Rosengirlande zu schmücken pflegte, Maria ihm aber in einer Erscheinung sagte, dass sie über einen anderen Rosenkranz glücklicher wäre: über nicht weniger als fünfzig gebetete »Ave Maria«. Sie versprach, diese Gebete in Rosen zu verwandeln und ihrerseits einen Kranz daraus zu flechten. In einer anderen Legende heißt es, der Gründer des Dominikanerordens, der heilige Dominikus, habe 1208 den ersten Rosenkranz eigenhändig aus der Hand der Muttergottes erhalten.

Im Mittelalter wurde Maria eine eigene Gartenform gewidmet, der *Hortus conclusus*, ein von einer Mauer umgebener, geschlossener Garten. Nach den Worten aus dem »Hohelied« Salomos, »meine Schwester, liebe Braut, du bist ein verschlossener Garten, eine verschlossene Quelle ( ... )«, symbolisiert der Garten die Jungfrau selbst. Sie ist fruchtbar, doch ihre Fruchtbarkeit ist allein Gott vorbehalten. Sie ist der Quell, aus dem das Leben entspringt. Dieser Garten, der auch in der bildenden Kunst immer wieder ein beliebtes Motiv darstellte, ist

Der Renaissancemaler Benozzo Gozzoli
stellte sich ein Paradies vor, in dem Engel
die Rosenbüsche pflegen.

nur sparsam ausgestattet, etwa mit einer Rasenbank und einem Brunnen in der Mitte. Oftmals gibt es eine Blumenwiese, die an Gitterwerk aus Hasel- oder Weidenruten umrandet ist von unverzichtbaren Rosenstöcken.

Eine weitere Bezeichnung des *Hortus conclusus* ist »Paradiesgärtlein«, die darauf verweist, dass die Rose ursprünglich nur im Paradies wuchs. Der Legende nach hatte Eva bei ihrer Vertreibung von dort heimlich eine Rose mitgenommen. Ihr Duft und ihre Schönheit sollten einen Abglanz der paradiesischen Süße und Unschuld auf die Erde bringen. Ganz in diesem Geist wurden weiße Rosen auf das Grab von Jungfrauen gepflanzt oder bei der Beerdigung Girlanden aus weißen Rosen geflochten.

Um Jungfräulichkeit zu symbolisieren, muss die Marienrose nicht nur weiß, sondern wie die Rosen des Paradieses auch dornenlos sein. In einem volkstümlichen Marienlied, dessen Text bis ins 8. Jahrhundert zurückzuführen ist, heißt es: »Rose ohne Dornen, O Maria hilf! Du von Gott Erkorne, O Maria hilf.« Dem heiligen Ambrosius zufolge

Die weiße Rose galt als Symbol der jungfräulichen Maria und wurde deswegen auch in Klostergärten gezogen.

stehen Dornen für jede Art von sündhaftem Begehren. Der englische
Dichter John Milton beschrieb in seinem Epos »Das verlorene Paradies« aus dem Jahr 1667 diesen unschuldsvollen Ort als einen hüb-
schen ländlichen Fleck mit abwechslungsreichem Panorama: »Wälder,
aus deren Bäumen duft'ge Harze tropfen, (…) dazwischen lagen Au'n
und holde Matten, (…) und Blüthen jeder Farbe sich erwiesen und
ohne Dorn die Rose selbst erblüht.« Erst als Adam nach dem Apfel
griff, wuchsen der Paradiesrose augenblicklich Dornen.

Im *Roman de la Rose* muss der Held auch das Schloss der
Eifersucht bezwingen.

Doch standen durchaus auch rote Rosen im Klostergarten. Sie erinnerten an die Hingabe, den Mut und das Leid vieler Heiliger. Die rote Rose ist zum Beispiel Attribut der heiligen Rosa von Lima, der Schutzpatronin Lateinamerikas, oder der Karmelitin Thérèse von Lisieux. Besonders populär wurde das Rosenwunder der heiligen Elisabeth von Thüringen: Die junge Gräfin wollte gegen den erklärten Willen ihres strengen Gemahls den armen Bauern am Fuße der Wartburg einen Korb voller Brot bringen. Als ihr Mann sie fragte, was sie in ihrem Korb hätte, behauptete sie, es seien Rosen. Und als das Tuch über dem Korb gelüftet wurde, hatte sich das Brot tatsächlich in duftende rote Rosen verwandelt.

Zu diesen christlichen Legenden und der Marienverehrung gesellten sich im Mittelalter aber auch ganz selbstverständlich Assoziationen aus der spätantiken Vorstellungswelt. Zum einen waren die Klostergärten ausdrücklich auch zur Kontemplation gedacht. Andererseits wurden in den Klöstern antike Autoren übersetzt, und überall finden sich Belege, dass das schwärmerische Naturgefühl eines Vergil und Ovid die christlichen Mönche berührte.

Auch in der weltlichen Literatur des Mittelalters ist die Rose das Zeichen der Liebe und der Sinnlichkeit. Hier klingt der antike Mythos von der liebenden Aphrodite noch nach, indem die rote Rose den irdischen Frauen zugedacht ist, ihrer sinnlichen und leidenschaftlichen Liebe. Die hohe Minne wurde als weltliche Entsprechung der Marienverehrung gefeiert. Doch die Gebote der Minne erforderten es, die erotischen Aspekte der Liebe nicht beim Namen zu nennen. Also wurden sowohl die angebeteten Damen als auch die angestrebte Vereinigung mit allen denkbaren Bildern aus der Garten- und Blumenwelt umschrieben. So stand die Wiese zum Beispiel für das Liebeslager, der Brunnen für die fließende Lust und der Rosengarten für die Liebeswonne selbst. Bei Walther von der Vogelweide heißt es in einer Nachdichtung: »Könnt ich's noch erleben, daß ich Rosen läse mit dem süßen Mägdelein!«

Auch der populärste Roman des Mittelalters, der *Roman de la Rose*, bedient sich dieser Bilder. Seine Handlung trägt sich in einem

ummauerten Garten zu, dessen Besitzerin die Sinnenlust ist. Amant, der Held der Geschichte, begegnet in diesem Garten einer jungen Dame in Gestalt einer Rose und verliebt sich unsterblich in sie. Von allegorischen Figuren wie der Furcht, der Eifersucht und der Verleumdung werden ihm zahlreiche Prüfungen auferlegt, ehe er seine Rosendame erringen kann. Am Ende erweist sich dieses Abenteuer, in dem der Held alle Licht- und Schattenseiten der Liebe und Leidenschaft erfährt, als ein Traum. Guillaume de Lorris verfasste im Jahr 1235 die erste

---

Der britische Philosoph Robert Fludd verteidigte die Rosenkreuzer. Titelkupfer seiner *Summum Bonum* von 1629: Die Rose sprießt aus einem Kreuz und spendet den Bienen Nahrung.

Version des kunstvoll gereimten Rosenromans mit zarten Anspielungen noch ganz in der Tradition der höfischen Minne. Als Jean de Meung die Geschichte ein halbes Jahrhundert später fortsetzte, wandelte sich der Ton: Seine Sprache ist direkter, die sexuellen Anspielungen derber, am Ende ist die Rose gebrochen.

Schließlich ist die Rose auch ein mystisches Symbol, auch wenn uns diese mystischen Bedeutungen heute nicht immer ohne Weiteres verständlich sind, wie das Beispiel der Rosenkreuzer zeigt. Zu Beginn des 17. Jahrhunderts, zwischen Reformation und Frühaufklärung, sammelten sich in solchen Geheimgesellschaften Naturwissenschaftler und Sterndeuter, Alchemisten, Pietisten und Kabbalisten, aber auch Aufrührer mit politischen Ambitionen. Der Ruhm der Rosenkreuzer gründete auf drei Manifesten, die neue Wege zur Erkenntnis der Natur, der

---

Edward Burne-Jones zitierte bei seinem Entwurf
für diesen Wandteppich ein Motiv aus dem *Roman de la Rose*:
die Geliebte in Gestalt einer Rose.

Begegnung mit Gott und der Vervollkommnung des Menschen verhießen. Sie wurden einem gewissen Christian Rosencreutz zugeschrieben, dem fiktiven Gründer des sagenumwobenen Geheimbundes.

Die Faszination dieser Texte brachte (und bringt bis heute) Dutzende von Gründungen hervor, die sich durchweg als alleinige Sachwalter der legendären Ursprungsgesellschaft verstehen. Sie alle beziehen sich auf die Symbolik von Kreuz und Rose. Während das Kreuz für den sich vervollkommnenden Menschen steht, ist die aufblühende rote Rose teils ein Symbol der Liebe, teils der menschlichen Seele, deren Harmonie dadurch erreicht wird, dass zu den vier Elementen der antiken Philosophie ein fünftes, die Quintessenz, hinzukommt. Sie entsteht, wenn der Mensch die in ihm schlummernden Kräfte und die Gesetze des Geistes erkennt und ihnen zur Wirkung verhilft.

Schon um 1550 wurde das alchemistische Werk *Rosarium Philosophorum*, der *Rosengarten der Weisen*, publiziert. Der lateinische Begriff *rosarium* bezieht sich hier auf den Rosenkranz, die Gebetskette der Katholiken, und steht analog für die Abfolge frommer Gedanken oder Gebete. In diesem Fall sind es zwanzig Holzschnitte, auf denen der Weg zur Herstellung des Steins der Weisen beschrieben ist, der zugleich auch als Weg zur inneren Wandlung verstanden werden kann. Goethe hat 1784/85 diese Suche der Rosenkreuzer nach dem Sinn des Lebens in seinem Gedicht »Die Geheimnisse« aufgegriffen: Ein Pilger trifft vor einer Klosterpforte ein und erfährt von den Mönchen von einem Gefährten, der sich unter dem Zeichen des Rosenkreuzes zu einem selbstlosen, edlen Menschen gebildet hat:

»Er fühlet neu, was dort für Heil entsprungen,
Den Glauben fühlt er einer halben Welt;
Doch von ganz neuem Sinn wird er durchdrungen,
Wie sich das Bild ihm hier vor Augen stellt:
Es steht das Kreuz mit Rosen dicht umschlungen.
Wer hat dem Kreuze Rosen zugesellt?
Es schwillt der Kranz, um recht von allen Seiten
Das schroffe Holz mit Weichheit zu begleiten.«

Die Rose ist zudem in einem ganz anderen Sinn die Blume der Geheimgesellschaften und Verschwörer: Sie alle verwendeten die Rose auch
als Zeichen der Diskretion. Die Heckenrose, die sorgsam das Innere
ihrer Knospe verbirgt, ist schon rein äußerlich ein Sinnbild der Abge-
schlossenheit und des Geheimnisses. Bereits die Pythagoreer hatten
die fünfteilige Blütenanordnung der Rose nachempfunden und daraus
das Pentagramm konstruiert – das Symbol für Geheimnis schlechthin.

*»Als ich im Wald mich erging,*
*Rosengeschling*
*Sich mir an die Kleider hing.*
*O schlängest auch du*
*Zu meiner Seele Ruh*
*Um mich die Arme fester,*
*Du Rosenschwester!«*

CHRISTIAN WAGNER, »IM WALDE«

Über Beratungstischen wurde eine weiße Rose aufgehängt: »sub rose
dictum«, was »unter der Rose gesprochen« wurde, musste geheim
bleiben – ein Motiv, das sich noch immer im Schnitzwerk von Beicht-
stühlen findet.

Liebe und Betrug, Geheimnis und Verrat, Leiden, Askese und Reinheit und immer wieder Sinnlichkeit: Diese mythologischen, religiösen
und symbolischen Bezüge geraten heute mehr und mehr in Vergessenheit. Doch ihre Spuren finden sich als Bodensatz überall in kulturellen
Überlieferungen. Es ist kein Zufall, dass im Märchen Schneeweißchen
die stille und zurückhaltende Schwester verkörpert und Rosenrot die
temperamentvolle, leidenschaftliche. Und in Dornröschens Geschichte steht der Kampf der unglückseligen Prinzen mit der Rosenhecke
ohne Zweifel für den Angriff auf die Unschuld der Prinzessin. Der Ausdruck »Blumen brechen« ist seit Langem Chiffre für den gewaltsamen
Raub der Jungfernschaft – denken wir nur an Goethes Gedicht vom
»Heidenröslein«. Dieser Metaphorik ist sogar die Wissenschaft gefolgt,
indem sie die Entjungferung als Defloration bezeichnete.

Um in Liebesdingen keinen Fehler zu machen, war es wichtig,
die »Sprache der Blumen« zu kennen.

Überhaupt boten neben Farbe und Form der Rosen auch ihre Dornen ein unerschöpfliches Reservoir an Anspielungen und Metaphern. Sie stehen allgemein für die Schattenseiten der Liebe und der Leidenschaft und werden gern als Sinnbild für die angebliche Gefährlichkeit oder Tücke von Frauen verwendet. Andererseits verweist die Gefahr, sich beim Pflücken zu verletzen, auf die Sprödigkeit der Frauen, die, um der Konventionen willen, ihre Unschuld mit Dornen verteidigen müssen.

Nicht nur die Poeten, sondern auch der Volksmund verwendete die Rose ganz selbstverständlich als erotisches Symbol. Man sprach von der »rosenblattkühlen«, »knospenhaft« verschlossenen Zurückhaltung des Mädchens oder der Hingabe des »vollerblühten« Weibes. Die Viertel mittelalterlicher Städte, in denen die Freudenmädchen wohnten, hießen mitunter »Rosenplan«, »Rosengasse« oder »Rosenwinkel«. Schließlich bezeichnete man Freudenhäuser auch als »Rosenbad« und die Freier als »Rosengässler«.

Dass Blumen eine Sprache sprechen, klingt in der heutigen Zeit wie ein Werbespruch. Aber die Kenntnis der historisch überlieferten Farbbedeutungen zeichnet auch heute nicht nur den guten Floristen aus, sondern hilft, im Alltag manchen Fettnapf zu vermeiden. Allerdings würde ein Stilbruch nur noch in Ausnahmefällen vor Gericht enden, wie dies 1902 in Berlin geschah: Eine Blumenhändlerin hatte als Hochzeitsbukett statt der bestellten roten Rosen ein Gebinde Dahlien ausgeliefert. Die Braut war entsetzt, denn Dahlien stehen für Gefühlskälte. Sie wies den Strauß zurück und insistierte auf die Rückzahlung ihres Geldes. Das Gericht gab ihr mit der Begründung recht, eine Floristin müsse die Sprache der Blumen verstehen. Und in der Tat: Die Blumenhändlerinnen waren Spezialistinnen für symbolgeladene Blumengeschenke. Besonders im 19. Jahrhundert wurden die floralen Konventionen zu einer regelrechten Kunst erhoben. Narzissen deuteten Selbstsucht an, Pfingstrosen Scham, ein Strauß Heidekraut sollte Einsamkeit signalisieren und die Aloe gar Bitterkeit. Diese überaus komplexe Lehre war ein unerschöpflicher Quell zärtlicher, auch erotischer Anspielungen und schrecklicher Missverständnisse, was einen berühmten Botaniker der

Royal Horticultural Society zu dem Stoßseufzer veranlasste: »Wenn Sie genau verstanden werden wollen, schicken Sie keinesfalls Blumen.«

Auch in unseren um historische Zusammenhänge oft unbekümmerten Zeiten schadet es nicht, zu wissen, dass die weiße Rose in die Vase vor eine Marienstatue gehörte, also definitiv die falsche Wahl für einen Verführer ist. Nicht ohne Grund wurde sie auch – um die Reinheit der Absichten und die erhaltene Jungfräulichkeit hervorzuheben – in einem üppigen Strauß zur Verlobung geschenkt. Auch wer die historischen Zusammenhänge nicht kennt, wird es einleuchtend finden, dass Weiß eher Zurückhaltung und Reinheit, Rot eher Temperament und Sinnlichkeit evoziert. Jungen Mädchen, die gewissermaßen noch nicht erblüht sind, war lange Zeit die Farbe Rosa vorbehalten. Die orangefarbene Rose beinhaltet die Frage, ob sich der Schenkende Hoffnung auf ein künftiges Glück machen könne. Ein Strauß gelber Rosen war so etwas wie ein Warnsignal, ein Zeichen von Misstrauen und Eifersucht. Die unerwiderte Liebe wird durch die dunkelste aller Rosen, die sogenannte schwarze Rose, symbolisiert – wobei es die unglücklich Liebenden wenig getröstet haben wird, dass es gar keine schwarzen, sondern nur dunkelrote Blumen gibt.

Um diese schwarze Rose rankt sich eine Legende von weltgeschichtlicher Tragik: Der Journalist Egon Erwin Kisch erzählt von dem habsburgischen Erzherzog und Thronfolger Franz Ferdinand, der auf Schloss Konopischt sitzt und auf den Tod seines Onkels, des Kaisers Franz Joseph, und damit auf die Krone Österreich-Ungarns wartet. Um sich die Zeit zu vertreiben, beauftragt er einen berühmten englischen Gärtner, die schwarze Rose zu züchten. Als diese Nachricht bis nach England dringt, erinnert in der *Times* ein Astrologe daran, dass es Mord und Krieg gegeben habe, als die Züchtung jener Rose einst in London gelungen sei. Der Rosenexperte in Konopischt beruhigt, die Züchtung werde sieben Jahre dauern. Als die Rose, wie vorhergesagt, tatsächlich im Jahr 1914 erblüht, erfüllt sich die düstere Prophezeiung: Der Erzherzog wird in Sarajevo erschossen, Europas Tragödie beginnt.

Die schwarze Rose ist ohne Zweifel eine besondere Unglücksbotin, doch auch alle anderen Rosen wurden gern benutzt, um an die

Vergänglichkeit alles Irdischen zu erinnern – in der bildenden Kunst sind sie immer auch ein beliebtes *Vanitas*-Symbol gewesen. Der spanische Dichter Pedro Calderón de la Barca hat es bündig formuliert:

»Zum Blühn sind früh die Rosen aufgestanden,
Zum Altern haben sie die Blüt' entbunden,
Die Wieg und Grab in einer Knospe fanden.«

Man kann dem Zauber der Rose auch erliegen, wenn man nichts weiß von dem, was die Kulturgeschichte mit ihr verbunden hat. Ihre Schönheit und ihr Duft entfalten sich auch ohne den Gedanken an Unschuld und Leidenschaft, Verrat und Verderben. Aber ebenso unbestreitbar ist die Tatsache, dass wir in den Rosen mehr sehen und sie unser Leben stärker bereichern, wenn wir uns erinnern, dass sie für die Menschen in der Vergangenheit, für ihre Künstler und ihre Geistlichen, mehr war als nur eine besonders schöne Blume.

*»Doch meine Verehrung gibt*
*Dir schönere Namen,*
*O Rose, die ich im Geheimen*
*Sündigen Purpur nenne,*
*Aprikosene, Schneezauber,*
*Fee oder dunkle Schöne.«*

SIDONIE-GABRIELLE COLETTE

---

Ganz der »Sprache der Blumen« entsprechend,
stellte der italienische Maler Guido Reni seinem jungen Mädchen
eine rosafarbene Rose zur Seite.

# III
# Farbenlust und Sinnlichkeit:
## *Malerinnen inszenieren die Rose*

Blumen sind vergänglich. Ob im Gartenbeet, in der Vase oder auf dem Fensterbrett, ihre Tage sind schnell gezählt. Selbst im schwärmerischen Gedicht oder gar im Trockenalbum geht vom Zauber einer prächtigen Blüte, ihren feinen Farbnuancen und ihrer kunstvollen Unvollkommenheit viel verloren. Allein in der Zeichnung oder im Gemälde ließen sich diese Meisterwerke der Natur vor der Erfindung der Fotografie über die Zeiten retten.

Dass die Kunstgeschichte so unendlich viele großartige Bilder von Rosen kennt, ist nicht nur ihrer Schönheit geschuldet. Die Rose war stets Symbol für Majestät, Liebe und Vergänglichkeit und ein zu allen Zeiten beliebtes Dekorationselement. Darüber hinaus waren Zeichnungen und Gemälde bis weit ins 19. Jahrhundert für die meisten Menschen die einzige Möglichkeit, seltene und exotische Pflanzen zu betrachten. Die Rosenmalerinnen, von denen in diesem Kapitel die Rede ist, haben die Rosen ihrer Zeit mit Kunstfertigkeit und Sinn für Details so dargestellt, wie sie sie gesehen haben. Ihr künstlerisches Ethos, auf Erfindungen zugunsten von Genauigkeit zu verzichten, wurde von einer genialisch gestimmten (männlichen) Kunstszene oft genug als Kunsthandwerk oder Postkartenmalerei abgetan. Dabei haben etwa die Bilder von Catharina Klein die Schönheit der neuesten Schöpfungen in Kreisen verbreitet, denen bislang der Zugang zur Malerei verwehrt gewesen war, und damit Generationen von künftigen Gärtnerinnen und Blumenliebhaberinnen geprägt. Oftmals sind diese Bilderwerke aber auch unentbehrliche historische Quellen. Die Rosendarstellungen von Maria Sibylla Merian oder von Mary Lawrance erzählen dem heutigen Betrachter von den Naturvorstellungen vergangener Epochen, erinnern an längst vergessene Züchtungen und verraten viel über den Wandel des Schönheitsideals, dem auch die Zucht und Präsentation von Rosen unterlag.

Im Laufe ihrer künstlerischen Inszenierung eroberte die Rose immer neue darstellerische Medien. Von den Abbildungen auf Kirchenfenstern, Altarbildern, Tapisserien oder den Blumenstillleben des 17. Jahrhunderts wanderte sie auf Spitzen und Stoffe, auf Kunst- und Massendrucke, auf feines Porzellan und billige Keramik. So wie die Rose sich im Garten ausbreitete, erreichte auch ihre Darstellung jeden Winkel unseres Alltags. Dass am Anfang dieser Entwicklung nicht Kitsch und Massenware standen, sondern das Staunen über die Schönheit der Natur, zeigen die Bilder der Rosenmalerinnen.

# Maria Sibylla Merian

1647–1717, Deutschland

Die früheste erhalten gebliebene Rosendarstellung der Maria Sibylla Merian vom Februar 1675 war für das Stammbuch des Nürnberger Magisters Christoph Arnold bestimmt. Diese Gedenkbücher enthielten Widmungen von jungen Männern, die sich nach beendetem Universitätsstudium in gefühlvollen Gedichten ihrer lebenslangen Freundschaft versicherten oder den Magistern ihre Verehrung bekundeten. Wer sich besonders stilvoll in Erinnerung bringen wollte, bestellte bei einem professionellen Künstler ein Bild – gerne mit einem *Vanitas*-Motiv. Welche Blume hätte sich für derart komplexe und subtile Botschaften besser geeignet als die Hundertblättrige Rose, die Zentifolie, mit ihren edelmatten, rosafarbenen Blüten? Die geschlossene Knospe und die voll ausgebildete Blüte sprechen vom Werden und Vergehen genauso wie einige verwelkte oder fallende Blütenblätter. An die allgegenwärtigen Fährnisse des Lebens erinnern gut sichtbare Dornen und Fraßspuren an den Blättern. Die Rose hat gegenüber anderen *Vanitas*-Symbolen den Vorzug, dass sie trotz ihrer Vergänglichkeit vor allem für die Schönheit und Vollkommenheit der göttlichen Schöpfung steht.

Die Entstehung dieses Stammbuchblattes markiert den Anfang einer außergewöhnlichen Karriere. Selten begann ein Künstlerleben unter einem derart günstigen Stern. Maria Sibylla Merians Vater, Matthäus Merian der Ältere, hatte halb Europa in topografischen Stichen festgehalten und betrieb in Frankfurt einen erfolgreichen Verlag für kartografische und naturwissenschaftliche Werke. Nach seinem Tod im Jahr 1650 heiratete Maria Sibyllas Mutter den Künstler Jacob Marrel, der das malerische Talent seiner Stieftochter entdeckte und förderte. Später unterstützte auch der Ehemann, der Architekturmaler Johann Andreas Graff, die künstlerischen Ambitionen seiner überaus begabten Frau. Bereits in jungen Jahren unterrichtete sie die Töchter der Nürnberger Gesellschaft im Zeichnen und bemalte mit dieser »Jungfernkompanie« seidene Tischdecken und Vorhänge mit Blumenmotiven, Vögeln und Insekten.

Ihre erste eigene Publikation, das Blumenbuch *Florum Fasciculus Primus* von 1675, mag diesen eher handwerklichen Arbeiten entsprungen sein. Auf sechsunddreißig Kupferstichen stellte Merian die Modeblumen der Zeit dar, vor allem die Zwiebelgewächse aus dem Vorderen Orient: obenan die Tulpe natürlich, dann Hyazinthen, Krokusse, Kaiserkronen, Schachbrettblumen und Narzissen, aber auch einheimische Gartenblumen, wie Stiefmütterchen, Primeln, und nicht zuletzt verschiedene Rosensorten. Angelehnt war Merians Werk, das später mit zwei weiteren Bänden unter dem Titel *Neues Blumenbuch* veröffentlicht wurde, an die Florilegien – botanische Prachtbände, die die Wunder der Schöpfung feiern. Seit dem frühen 17. Jahrhundert zeichnete man Pflanzen nicht mehr aus rein naturwissenschaftlichem Interesse, sondern wegen ihrer Schönheit und Exotik. Diese Kupferstiche dienten ganz selbstverständlich auch als Vorlagen für diverse Handarbeiten:

»Damit solches sowol zum Nachreissen und Malen als dem Frauenzimmer zum Nähen und allen kunstverständigen Liebhabern zu Nutz und
Lust dienlich sein möchte.«

Obwohl es nahegelegen hätte, die Pflanzen als Handarbeitsvorlage
stilisiert darzustellen, beeindruckt noch heute deren Naturalismus
und botanische Genauigkeit. Um diese Bilder lebendiger wirken zu
lassen, war es üblich, sie mit Insekten und Vögeln zu dekorieren. Als
Maria Sibylla Merian das erste Mal ein Blatt gestaltet hatte, das Insekt
und Wirtspflanze gemeinsam abbildete, war die entscheidende Idee
geboren, die ihr Lebenswerk unsterblich machen sollte: »Dieweil

ich meine Blumen – Mahlerey mit Raupen, Sommervögelein und dergleichen Thierlein auszuzieren mich jederzeit beflissen ( ... ) bis ich endlich, vermittels der Seidenwürmer, auf der Raupen Veränderung gekommen.«

Der Legende nach begann Merian bereits als Dreizehnjährige, sich für Seidenspinner zu interessieren. Bald sammelte und züchtete sie auch andere Insekten, um herauszubekommen, ob diese in ähnlicher Weise eine Metamorphose vollziehen und ob auch deren Entwicklung – wie bei der Seidenraupe – an eine Futterpflanze gebunden ist. Der Rest ist Geschichte. Ihr Buch *Der Raupen wunderbare Verwandlung und sonderbare Blumennahrung*, worin sie Vögel und Insekten und deren *Ursprung, Speisen und Veränderungen samt ihrer Zeit, Ort und Eigenschaften [ ... ] fleißig untersucht, kürzlich beschrieben, nach dem Leben abgemahlt [und] ins Kupfer gestochen hat*, erschien zwischen 1679 und 1683.

Das Insekt war nicht länger nur Dekoration, sondern wurde gewissermaßen zur Hauptgestalt. Der anschauliche Begleittext kommentiert den Zauber der Verwandlung, der auf den Bildern als ein Gleichzeitiges dargestellt ist. Hier begegnen sich Kunst und Wissenschaft und erlauben einen neuen Blick auf die Natur. So auch bei den Rosenbildern: Jeder Gärtner erkennt noch heute auf den ersten Blick die grüne Raupe der Rosenblattwespe sowie den Rosenspanner, den Falter mit seiner Fleckenzeichnung, den charakteristisch gebogenen Fühlern und der wirklich bemerkenswerten Puppe. In der meisterlichen Darstellung von Maria Sibylla Merian könnte man sie für avantgardistisch gefaltete Papierkunstwerke halten und vergessen, dass sie die Feinde unserer geliebten Rosen sind.

---

In ihrem *Neuen Blumenbuch* von 1680 versammelte die Künstlerin auf sechsunddreißig Farbtafeln die beliebtesten Blumen: hier eine *Rosa hollandica* mit einem Schmetterling.

# Rachel Ruysch

**1664 – 1750, Niederlande**

Im Jahr 1604 bannte das erste Mal ein Künstler eine *Rosa x centifolia* auf Papier. Der Flame Jacques de Gheyn II. hatte den Auftrag erhalten, ein Album mit Blumenporträts für den Habsburger Kaiser Rudolf II. zusammenzustellen. So konnte der Kaiser jederzeit all die botanischen Neuheiten betrachten, die von holländischen Kauffahrern ins Land gebracht und von Züchtern vermehrt und veredelt worden waren. Was für den Kaiser galt, galt für den Bürger erst recht: Wer sich die exotischen Schönheiten aus dem Orient und aus Übersee ansehen wollte, ließ sich ein Bild malen, zumal die Anschaffung eines solchen Gemäldes meist weniger kostspielig war, als die empfindsamen Pflanzen im eigenen Garten zu halten. In diesen Blumenstillleben fingen die Künstler die kurze Blüte der Exoten ein und vereinten ganz ungeniert

Pflanzen zu einem Bukett, die in natura niemals gemeinsam geblüht hätten. Die niederländische Blumenmalerei brachte viele große Meister hervor und auch einige nicht weniger berühmte Malerinnen. Diese stammten ausnahmslos aus gutbürgerlichen Verhältnissen. Die Künstlerin Rachel Ruysch war die Tochter des angesehenen Amsterdamer Botanik- und Anatomieprofessors Frederick Ruysch, der seine Kinder früh den genauen, naturwissenschaftlichen Blick lehrte. Der liberal gesinnte Vater hatte nichts dagegen einzuwenden, dass die begabte Tochter einen so lukrativen Handwerksberuf wie den der Malerin erlernen wollte, und gab sie bereits als junges Mädchen gemeinsam mit ihrer jüngeren Schwester zu dem berühmten Stilllebenmaler Willem van Aelst in die Lehre.

## Blumenbilder als Dekoration

Maler wie van Aelst und seine Schüler galten zu ihrer Zeit tatsächlich eher als Handwerker denn als Künstler im heutigen Sinne. In den expandierenden Städten suchten die wohlhabenden Bürger nach dekorativen Ausstattungsstücken und bevorzugten dabei häusliche Szenerien, Jagdstücke, *Vanitas*-Darstellungen und Blumenbilder. Diese »Wandstücke« oder »Tüchlein« sind von geradezu beängstigender technischer Perfektion, vor allem in den dargestellten Oberflächen und Materialien, ganz gleich, ob Gefieder oder Perlmutt gezeigt wird, Marmor, Fischschuppen, Zinn, taubereifte Weintrauben oder, nicht zuletzt, der Samt eines Blütenblattes und die Lichtreflexe im Kristall einer Vase. Rachel Ruysch versuchte sich in den verschiedenen Genres, malte Insekten und Reptilien und spezialisierte sich schließlich auf Blumen.

Gegen Ende des 17. Jahrhunderts schienen die kompositorischen Möglichkeiten der Blumenmalerei ausgereizt. Dennoch konnte ihr Rachel Ruysch noch einmal eine ganz eigene, charakteristische Note hinzufügen. Viele ihrer Vorgänger inszenierten gewaltige Sträuße in Vasen und Krügen – überladene Kompositionen von kühner Statik und wilder Farbigkeit. Rachel Ruysch bevorzugte natürliche Arrangements: Mal ordnete sie eine Handvoll Blumen in einem Weidenkorb an, dann

wieder legte sie einen Strauß scheinbar achtlos auf eine Steinbrüstung. Die natürliche Anmutung ihrer Gemälde wird noch dadurch verstärkt, dass nicht nur Blüten dicht an dicht gruppiert werden, sondern auch den Blättern der jeweiligen Pflanze viel Raum gegeben wird. Das Licht auf ihren Kompositionen ist meist mild, und die Blumen sind so gewählt, dass die Farben miteinander harmonieren.

Die Bilder der jungen Malerin erzielten bald Traumpreise von bis zu tausend Gulden. Die Confrérie Pictura, die Malergilde von Den Haag, nahm sie 1701 als erste Frau in ihre Reihen auf. Einige Jahre später wurden sie und ihr Mann, der Porträtmaler Juriaen Pool, vom

Wer sich unter all den Meistern der Stilllebenmalerei behaupten wollte, musste nach einem unverwechselbaren Stil streben. Rachel Ruysch bevorzugte natürliche Arrangements in harmonischen Farben, wie diesen »Rosenzweig mit Käfer und Biene«.

Düsseldorfer Kurfürsten Johann Wilhelm Kurfürst von der Pfalz als Hofmaler engagiert. Dennoch erlag sie nie, wie viele ihrer Kollegen, der Versuchung, in einer Werkstatt mit einem Dutzend Gesellen Massenware zu erzeugen. Aus ihrem langen Leben mit fast siebzig Schaffensjahren sind kaum mehr als einhundert Werke überliefert.

### »Es gibt Augenblicke, in denen eine Rose wichtiger ist als ein Stück Brot.«

RAINER MARIA RILKE

Auf fast all ihren Bildern steht die Hundertblättrige Rose, *Rosa x centifolia*, im Mittelpunkt. Vor allem in Holland wurde seit dem ausgehenden 16. Jahrhundert an ihrer Vervollkommnung gearbeitet. Die ersten Zentifolien entstanden durch eines der züchterischen Wunderstücke, bei denen niemand genau zu sagen weiß, wo die Kunst der Gärtners endet und der schöpferische Übermut der Natur beginnt. Fest steht heute nur noch, dass *Rosa canina*, *R. gallica* und *R. moschata* zu den Vorfahren der Zentifolie gehören und ganz ohne Zweifel auch die Damaszener-Rose, die ihr den schweren, köstlichen Duft verliehen hat.

Die Zentifolie wurde so oft auf Leinwand gebannt, dass man ihr den Kosenamen »Rose der Maler« gab, und auch Rachel Ruysch konnte der sinnlichen Ausstrahlung der dicht gefüllten Blütenbälle nicht widerstehen. Nachdem die Rose in der frühen Neuzeit ihrer religiösen Symbolik wegen in Gemälden dargestellt wurde, feierten die flämischen Stilllebenmaler sie als Abbild weltlicher Schönheit und würdigten zugleich die Kunst der Gärtner und Blumenzüchter ihrer Zeit. Doch die meisten dieser Rosen können wir nur noch auf Bildern sehen. Von den mehr als zweihundert verschiedenen Zentifoliensorten, die im Laufe des 17. und 18. Jahrhunderts gezüchtet wurden, haben Rosenliebhaber kaum zwanzig Sorten bis in die heutige Zeit retten können.

# Anne Vallayer-Coster

**1744 – 1818, Frankreich**

**A**ls Anne Vallayer gerade in die Anfangsgründe der Malerei eingeführt wurde, rief Frankreichs Adel das Zeitalter der Galanterie aus und erhob die Rose, die Blume der Liebe und der erotischen Leidenschaft, zu seinem wichtigsten Dekorationselement. Es war vor allem Madame de Pompadour, die Mätresse König Ludwigs XV., die maßgeblich den Stil des Rokoko formte. Nicht zufällig ist sie auf ihrem wohl bekanntesten Porträt als wahre Rosenkönigin dargestellt: François Boucher malte sie 1756 in einem grünen, reich mit Seidenblumen verzierten Kleid, umgeben von einer Vielzahl an Rosen – sie sind am Dekolleté befestigt und ins Haar geflochten, liegen selbst im Bücherregal und auf dem Boden. Noch über den Tod der Pompadour hinaus bis zum Ende des Ancien Régime prägten ausladende Blumenarrangements und Pflanzendekors die Atmosphäre in den Salons und Boudoirs. Die Rosenbilder von Anne Vallayer-Coster waren Teil dieser Welt.

Die junge Malerin debütierte im Jahr 1770 im sogenannten »Pariser Salon«. Dessen oberster Kunstrichter, Denis Diderot, fand lobende Worte für ihr Werk, und der Berichterstatter des *Mercure de France* ergänzte erstaunt: »Die Nachteile ihres Geschlechtes ungeachtet, hat sie die künstlerische Darstellung der Natur zu einer Perfektion entwickelt, die uns entzückt und überrascht.« Bereits in ihrem Frühwerk erwies sich Anne Vallayer als Meisterin. Zunächst malte sie Fruchtkörbe, Jagdstücke und Tafelszenen, doch nach 1775 fand sie ihren eigenen Stil, der sich eher an der holländischen Blumenmalerei orientierte. Sie arrangierte ihre üppigen Sträuße in jedem erdenklichen Gefäß, wenn es nur edel und kunstvoll verarbeitet war: in Stein oder Marmor geschnittene Pokale, Kristallvasen, aber auch solche aus Porzellan oder Terrakotta. Die Marmortische und Steinbänke, auf denen sie ruhen, sind mit samtenen Tüchern oder Damastdecken verhängt. Muscheln, Früchte oder ein paar heruntergefallene Blütenblätter beleben die Szenerie. Man könnte diese Bilder fotorealistisch nennen, wäre da nicht der Hauch von geisterhafter Präsenz, von Extravaganz und Sinnlichkeit – dies ist der Mehrwert, den nur ein Gemälde hervorbringen kann.

Bei aller Vielgestalt der Arrangements dominiert die Rose unübersehbar die meisten ihrer Stillleben. Es ist müßig, darüber zu spekulieren, ob die Malerin damit ihrer persönlichen Neigung gefolgt ist oder der Konvention der Zeit. Als Vorlage dienten ihr jedenfalls die gängigen Rosensorten, die rings um Paris gezogen wurden: Beliebt waren neben pinkfarbenen und weißen Rosen vor allem rosafarbene, wie zum Beispiel »Cuisse de Nymphe«, eine Alba-Rose, deren Name so viel wie »Nymphenschenkel« bedeutet und wohl auf die makellosen blassrosa Blütenblätter anspielt. Die Zentifolie »Petite de Hollande« wurde von den Pariser Gärtnern ihrer zahlreichen Blüten wegen als Schnittblume geschätzt. Beliebt waren auch die »Rose de Meaux«, deren volkstümlicher Name »Pomponia« auf ihre troddelförmige Knospe verweist, ebenso die Moosrose, die mit ihrem pelzigen, moosartigen Besatz einen außergewöhnlichen Anblick bietet. Eine der wenigen ungefüllten Rosen, die hoch gehandelt wurden, war *Rosa moschata*, die Moschus-Rose, die mit ihrem herben Duft das Verlangen des Publikums nach starken Reizen befriedigte.

All diese Rosen fanden natürlich nicht nur auf Gemälden und in der Vase Platz. Junge Mädchen trugen Rosenkränze im Haar, morgens wurden frische Blumen am Kleid befestigt, und die aufwendig getürmten Perücken waren von ganzen Arrangements gekrönt. Die Sache hatte nur einen Haken: In der Hitze der Ballsäle und Boudoirs verwelkten die Blumen binnen kurzer Zeit. Eine elsässische Adlige beschrieb 1789 in ihren Memoiren eine sinnreiche Erfindung: kleine flache Fläschchen, regelrechte Blumenvasen, wurden in den Perückenungetümen verborgen und hielten die Rosen leidlich frisch. Wer diese Unbequemlichkeit scheute, ließ die Blüten in einem Hinterzimmer stündlich von der Modistin auswechseln.

Zwischen Allerheiligen und Ostern stiegen die Preise für Rosen rings um Paris ins Astronomische, und der Handel mit Kunstblumen florierte. Der böhmische Meister Wenzel gelangte zu Ruhm, weil er für Marie Antoinette eine täuschend echte Rose hergestellt hatte, deren Blütenblätter aus den Häutchen von Eierschalen ausgeschnitten und dann eingefärbt worden waren.

Diese Kunstblumen waren nicht die einzigen Nachbildungen der Rose. Aufgemalte Girlanden schmückten Schleiflacktischchen und wurden in Intarsien eingelegt. Stuckaturen prangten an Zimmerdecken und Leuchterkonsolen. Porzellanmanufakturen kreierten aufwendige Tafeldekorationen, und wer nicht so viel Geld ausgeben konnte, behalf sich mit eingefärbtem Zuckerguss. Rosenmuster wurden in Kleiderstoffe gewebt, aufgestickt und appliziert. Die exquisiten Stillleben der Madame Vallayer dienten oftmals als Vorlagen für diese Stoffe, aber auch für Porzellan, Tapeten und Gravuren. Die »Blumenvase mit zwei Pflaumen auf einem Marmortisch« von 1781 etwa fand für eine Gobelintapete Verwendung und steigerte den Ruhm der Malerin. Finanziell war sie allerdings längst nicht mehr auf derlei Zweitverwertung angewiesen. Die berühmtesten Sammler der Zeit bewarben sich um ihre

Anne Vallayer-Coster arrangierte ihre Rosensträuße
am liebsten in kostbaren Gefäßen.

Bilder, und selbst die Königin war auf sie aufmerksam geworden. Marie Antoinette richtete ihr ein Studio ein und ernannte sie zur königlichen Hofmalerin.

1789 fegte der Sturmwind der Revolution über das Land, und danach war nichts mehr, wie es vorher war. Die Rose galt – wie wir gesehen haben zu Recht – als Sinnbild des dekadenten Ancien Régime. Im Pariser Umland wurden nun die Rosenfelder untergepflügt, um darauf Getreide und Kartoffeln anzubauen. Anne Vallayer-Coster zog sich einige Jahre aufs Land zurück, doch ab 1795 war sie mit ihren Arbeiten wieder im Salon der nunmehr bürgerlichen Akademie zu sehen. Doch die Rose kehrte erst zurück, nachdem Napoléon Bonaparte das kurze, bürgerliche Zwischenspiel der Revolutionsjahre beendet hatte. Als er sich 1804 zum Kaiser krönte, war seine Gemahlin Joséphine gerade dabei, in Malmaison ein neues Rosenparadies zu errichten. Im selben Jahr kaufte sie zwei Stillleben von Anne Vallayer-Coster, in deren Mittelpunkt jeweils eine Rose stand.

# Mary Lawrance

um 1775 – 1830, Großbritannien

S chon als junge Frau hatte sich die Blumenmalerin Mary Lawrance ein so hohes Maß an Reputation erarbeitet, dass ihre Werke in der Londoner Royal Academy gezeigt wurden und sie für den Unterricht, den sie Damen der Gesellschaft im botanischen Zeichnen erteilte, eine halbe englische Guinea pro Lektion berechnen konnte, was einem heutigen Gegenwert von etwa vierzig Pfund entspricht. Ihr Ruhm gründete sich vor allem auf ihr Buch *A Collection of Roses from Nature*, das zwischen 1796 und 1799 erschien.

Mary Lawrance schmückte das Frontispiz
ihres Buches *A Collection of Roses from Nature* mit einem
Kranz aus einheimischen Rosen.

Die Girlande von Rosen auf dem Frontispiz dieses Buches gehört zu den charmantesten Abbildungen in der Geschichte der Blumenillustration, vor allem wenn man bedenkt, dass es sich nicht um reine Dekoration, sondern um eine botanisch korrekte Wiedergabe der Natur handelt. Der Blütenkranz zeigt sowohl einige Garten- als auch Wildrosen, wie zum Beispiel die *Rosa hemisphaerica*, die im unteren Teil zu erkennen ist. Die aus Armenien und dem Iran stammende Pflanze war damals noch unter der Bezeichnung *Rosa sulfurea* bekannt und galt bis Mitte des 19. Jahrhunderts als die einzige gefüllte gelbe Rose in den Gärten Europas.

Zwar gab es um 1800 bereits eine lange Tradition botanischer Illustrationen – man denke nur an die Florilegien des 17. und 18. Jahrhunderts –, doch das Buch von Mary Lawrance markiert einen Wendepunkt. Es ist, zwanzig Jahre vor Pierre-Joseph Redoutés berühmtem Sammelband *Les Roses*, die erste Monografie, die sich dem Thema Rosen widmet. Auf insgesamt neunzig handkolorierten Tafeln zeigt die Malerin jeweils eine Rosenart beziehungsweise -sorte mit Stängel,

An dieser *Rosa rugosa* erkennt man die Tupftechnik, mit der die Malerin eine plastische Wirkung der dargestellten Pflanzen erzielte.

Blättern und Blüten sowie deren geläufigen botanischen Namen. Diese Tafeln sind Momentaufnahmen der Gartenkulturgeschichte, noch dazu entstanden in einer – was die Rosenzucht anbelangt – historisch interessanten Phase: Kurz nach Erscheinen des Buches sollte es eine wahre züchterische Explosion geben, Redouté verzeichnete um 1820 bereits rund zweihundertfünfzig Sorten, und bis 1850 sollten die Züchter mehrere Tausend Rosensorten hervorgebracht haben.

Wir können davon ausgehen, dass Mary Lawrance uns die Palette der Rosen zeigt, die gegen Ende des 18. Jahrhunderts in England kultiviert wurden. Dazu gehörten die einheimischen Wildrosen, wie die Schottische Zaunrose, *Rosa rubiginosa*, auch »Sweet Briar« genannt. Im Englischen bezeichnet *briar* eine Dornenhecke, was auf den üppigen Wuchs der Pflanze verweist und auf deren kräftige Dornen mit Widerhaken. Das Attribut *sweet* würdigt den süßen Apfelduft, der vor allem ihren Blättern entströmt. Die Schottische Zaunrose war in ihrer Wildform

---

Der Landschaftsgestalter Humphry Repton entwarf mit dem *rosary* einen würdigen Platz für die Königin der Blumen.

vor 1800 sehr populär und wurde später wegen des charakteristischen
Duftes der Blätter oft zum Einkreuzen verwendet.

Auch andere Wildrosenarten waren auf der Insel eingebürgert
worden. Die Apfel-Rose etwa, *Rosa villosa*, kam aus Mitteleuropa
nach England und war vor allem ihrer dunkelroten, großen Hagebutten wegen beliebt. Der Botaniker John Parkinson schrieb bereits 1629:
»Die Schönheit dieser Pflanze besteht eher in den am Busch hängen-
den Äpfeln als in den Blüten, oder einem anderen Detail.« Seit 1771
wurde sie in Kultur gezogen. Nur wenige Jahrzehnte zuvor kam *Rosa
virginiana* nach Europa, die als schönste Wildrose Nordamerikas gilt.
Sie zeigt im Sommer regelrechte Trauben leuchtend roter Blüten und
die Büschel ihrer runden Hagebutten wirken vor dem herbstgelben
Laub besonders effektvoll. Die Alpenrose *Rosa pendulina* wurde seit
etwa 1683 kultiviert. Sie ist eine niedrige, zarte Pflanze, die ihre Zähig-
keit in den Bergregionen Mitteleuropas erworben hat. Eine absolute
Neuheit, gerade frisch aus Japan eingetroffen, war *Rosa rugosa*, die Kartoffel-Rose. Lee und Kennedy von der berühmten Londoner Gärtnerei
»The Vineyard« hatten sie im Jahr 1796 vorgestellt. Die Legende besagt,
dass James Lee jr. höchstpersönlich seine Rosenneuheit in die Queen
Anne Street zum Studio von Mary Lawrance getragen habe, auf dass
sie die *Rugosa* in ihr Werk aufnehme: »Es war für den Züchter eine genauso große Ehre wie für die Blume, wenn Miss Lawrance ihr Porträt
zeichnete.«

Dass man all die Arten und Sorten heute noch zweifelsfrei zuord-
nen kann, ist der Kunst von Mary Lawrance zu verdanken. Ihre Zeichnungen sind geradezu minimalistisch und zeigen den wahren Charakter der jeweiligen Pflanze. Während die Blütenblätter mit eher zartem
Strich koloriert sind, erhielten die Blätter vermittels einer speziellen
Tupftechnik kräftig dunkle Oberflächen. Es ist überliefert, dass die
Künstlerin die Farben in ihrem Haus und unter ihrer Aufsicht anfer-
tigen ließ – später verfasste sie sogar eigens ein Lehrbuch zu diesem
Thema.

Ellen Willmott, die hundert Jahre später mit ihrem Rosenbuch *The
Genus Rosa* ebenfalls einen Klassiker der Rosenliteratur herausbrachte,

schrieb über ihre Vorgängerin Mary Lawrance: »Zu seiner Zeit war das Buch eine wahre Sensation, weil bis dato nichts Vergleichbares publiziert worden war und die Rosen nun einen bedeutenderen Platz in den Gärten einnahmen und sich immer stärkerer Beliebtheit erfreuten.«

Dazu hatte unter anderem der Landschaftsgärtner Humphry Repton beigetragen. Während sich die Protagonisten des Barock und Rokoko auf dem Kontinent einem wahren Rosenrausch hingaben, verbannten im eher pluralistisch gestimmten England die frühen Apologeten des Landschaftsgartens sämtliche Blumenanpflanzungen. Erst Repton fand den Kompromiss im sogenannten *Pleasureground*, einem eleganten Wandelplatz zwischen dem Haus und der offenen Parklandschaft mit Terrassen, Kieswegen und eingefriedeten Blumenbeeten. Diese Lösung hatte sich geradezu zwangsläufig ergeben, denn nach der erfolgreichen Kultivierung neuer Blumensorten brauchte der Pflanzenliebhaber einen Ort, an dem man sie zeigen und gebührend bewundern konnte. Und das Glanzstück dieses neuen Blumengartens wurde das Rosarium, die Heimstatt der Königin der Blumen.

# Catharina Klein

**1861 – 1929, Deutschland**

Auf den ersten, flüchtigen Blick mögen die Rosenbilder der Catharina Klein etwas kitschig anmuten: Die pastellfarbenen Blumenporträts sind dekoriert mit Vögeln und Herzen, Engelchen und Seidenschleifen, und wir finden sie auf Werbeplakaten, Grußkarten, Briefpapier, Porzellantellern und Paradekissen – doch damit sind wir meist schon einer Fälschung aufgesessen. Am Ausgang des 19. Jahrhunderts, als es um das Urheberrecht noch traurig bestellt war, nutzten Verleger in ganz Europa und Nordamerika die Popularität der Werke von Catharina Klein schamlos aus. Ihre Blumenbilder wurden verfremdet, neu arrangiert oder nur in Ausschnitten reproduziert und mit süßlichen Dekorationsstücken versehen. Wer den künstlerischen Rang dieser Bilder ermessen will, sollte sich in jedem Fall die Originale ansehen.

Die Blumenmalerin Catharina Klein nutzte die technischen Möglichkeiten
ihrer Zeit: Ihre kunstvollen Rosenporträts schmückten in
unzähligen Reproduktionen Postkarten und Blumenbücher,
aber auch botanische Fachzeitschriften.

Bereinigt vom sentimentalen Bombast der viktorianisch-wilhelminischen Ära, kommen die oftmals genialen Kompositionen der Künstlerin zum Vorschein: Ihr technisches Können ist über jeden Zweifel erhaben, die Blumendarstellungen sind botanisch exakt, und die Arrangements gehören zum Besten, was die Stilllebenmalerei jemals hervorgebracht hat. Catharina Klein hatte an der Kunstschule Berlin Malerei studiert und spezialisierte sich früh auf die Blumenmalerei, auf Garten- und Wildpflanzen gleichermaßen. Sie malte im Laufe ihrer langen Karriere mehr als zweitausend Stillleben. Ihre ungemeine Popularität beruhte allerdings auch auf ihrer bemerkenswerten Geschäftstüchtigkeit. Die Künstlerin hatte keine Scheu, ihre Bilder wieder und wieder reproduzieren zu lassen.

Ihr größter Verkaufsschlager war eine Sammlung von sechsundzwanzig Karten, auf denen alle Buchstaben des Alphabetes durch Blumenranken dargestellt sind. Die Originale malte Catharina Klein in Öl oder Gouache und ließ sie dann als Lithografien drucken – ihre produktivsten Jahre, zwischen 1890 und 1910, waren zugleich die Hochzeit der Farblithografie, deren technische Möglichkeiten sie voll ausschöpfte. Sie entwarf zum Beispiel ein Album mit herausnehmbaren Postkarten. Eine Hälfte der Karten war ausgemalt, die andere Hälfte nur mit Umrisszeichnungen versehen, die der Käufer dann selbst kolorieren und anschließend versenden konnte. Sie zeichnete die Vorlagen für Blumenquartette, Postkarten und Buchillustrationen. Ihre botanischen Bildfolgen tragen Titel wie »Unsere Lieblinge aus Flur und Garten« oder »Feldblumen« und schmückten im frühen 20. Jahrhundert unzählige Mädchenzimmer. Vor allem aber widmete sich die bekannteste deutsche Blumenmalerin ihrer Zeit immer wieder den Rosen – eine Reverenz an die Modeblume des viktorianisch-wilhelminischen Zeitalters.

Im Laufe des 19. Jahrhunderts kamen und gingen verschiedene Blumenmoden: Auf die Hortensien und Veilchen des Empire folgten Aurikeln und Fuchsien im Biedermeier, die Kamelie beherrschte in den 1860er Jahren die Salons. Der Wandel der Moden wurde oftmals durch technische Entwicklungen eingeleitet: So verblasste der

Ruhm der Kamelie, als es ihr einerseits in den wohlgeheizten Bürger-
stuben zu warm wurde und andererseits durch den neu eröffneten
Simplontunnel die »Südblumen« per Eisenbahn von jenseits der
Alpen eintrafen. Dass die Rose im Zeitalter von Königin Viktoria und
Kaiser Wilhelm II. in besonderem Ansehen stand, hat wohl auch etwas
mit dem Selbstverständnis der Protagonisten dieser Zeit zu tun: So
schien die Königin der Blumen das einzig angemessene Symbol für
eine Epoche der Fülle und der Pracht zu sein.

In den Jahrzehnten zuvor brachten die Züchter mit großem Enthusiasmus Sorte um Sorte hervor. Die Rosenzucht wurde ein bürger-
licher Zeitvertreib, und um 1880 entbrannte eine regelrechte *rosemania*,
die bis zum Ausbruch des Ersten Weltkrieges anhalten sollte. In dieser Zeit formierten sich in Westeuropa und Nordamerika die Rosenfreunde in Vereinen, es wurden Kongresse abgehalten, große Ausstellungen waren allein der Rose gewidmet, und die Floristen konnten
kaum den Bedarf nach immer ausgefalleneren Arrangements erfüllen.

---

Im ausgehenden 19. Jahrhundert tobte eine regelrechte *rosemania*:
Rosenzüchtervereine wurden gegründet, sie errichteten Schaugärten, und ihre
Ausstellungen zogen Tausende von Besuchern an.

Catharina Klein malte vor allem Teehybriden, deren edle Blütenform es mittlerweile in unendlich vielen Farbvariationen gab. Mit ihrem unverwechselbaren Stil bestimmte die Malerin das Erscheinungsbild einer ganzen Ära. Aber die Künstlerin beherrschte nicht nur das Genre der populären Blumendarstellung, ihre Bilder entzückten gleichermaßen die botanische Fachwelt. Sie steuerte Illustrationen für die deutsche *Rosen-Zeitung* oder das französische *Journal des Roses* bei, und die Fachzeitschrift der Deutschen Dendrologischen Gesellschaft würdigte in einer Publikation zu Neuerscheinungen gärtnerischer Schmuckpflanzen besonders die achtundvierzig farbigen Tafeln, »die von der unübertrefflichen Blumenmalerin Catharina Klein gemalt worden sind«.

Ihre außergewöhnliche Popularität, ihr unbekümmerter Geschäftssinn und die Tatsache, dass ihre Schöpfungen auch Betrachtern ohne kunsthistorische Kenntnisse zugänglich waren, verhinderte zugleich, dass Catharina Klein in der von männlichen Egomanen beherrschten Szene der »Kunstmaler« anerkannt wurde. Der Dünkel der Kunstfürsten, die auch nicht frei von Neid gewesen sein dürften, reichte über den Tod der Rosenmalerin hinaus. Als in den 1950er Jahren in Berlin entschieden werden musste, was mit der Grabstätte von Catharina Klein geschehen solle, erachtete man ihren künstlerischen Rang als nicht bedeutend genug, und die Grabstätte wurde daraufhin eingeebnet.

*»Eine Rose ist eine Rose*
*ist eine Rose ist eine Rose.«*

GERTRUDE STEIN

---

Die zeitgenössischen Stillleben der amerikanischen Künstlerin
Frances Galante vereinen Einflüsse der klassischen europäischen Blumenmalerei mit impressionistischer Tradition. Diese traditionellen
Arrangements bevorzugt sie, weil »eine schlichte Darstellung am besten
die Schönheit und Komplexität der Blumen zur Geltung bringt«.

# IV
# Wohlgeruch und Heilkraft:
## *Von Ölen, Wässerchen und anderen Sinnesfreuden*

Das Rosarium in Sangerhausen besitzt die größte Rosensammlung der Welt. Die meisten Rosenfreunde, die es besuchen, sind selbst Gärtner und schlendern andachtsvoll und – auf den ersten Blick – diszipliniert durch die Reihen. Ganz und gar überflüssig erscheinen Schilder mit der Mahnung: »Es wird gebeten, nicht auf die Beete zu treten.« Doch wie sich zeigt, ist die Bitte nicht grundlos. Vor beinahe jeder Pflanze ist der sorgfältig geharkte Boden festgetrampelt, und zwar jeweils genau an der Stelle, auf die der Besucher treten muss, wenn er seine Nase in einer Blüte versenken will.

Dass die Rose uns nicht nur mit ihrer Schönheit bezaubert, sondern als besondere Beigabe ihren unvergleichlichen Duft bereithält, trägt zweifellos zu ihrer königlichen Stellung im Reich der Blumen bei. Selbst Poeten stoßen an ihre Grenzen, wenn es gilt, die Vielfalt des Rosenduftes zu beschreiben. Der Barockdichter Barthold Hinrich Brockes versuchte es um 1740 in einer Gedichtsammlung, die er bezeichnenderweise *Irdisches Vergnügen in Gott* nannte:

*Mich deucht, (beschreibet man gleich den Geruch nicht leicht) / Wann ich vor Lust die Augen schließe, / Und mit Aufmercksamkeit des süßen Dufts genieße, / Es sei darin der Duft und Kraft vereint zu finden / Von Honig, Mandelmilch, Most, Pfirschkern, Zimmetrinden, / Und das, mit holder Süßigkeit, / Ein wenig Säurliches und Bitt'res sich verbinden.*

Die Natur beschenkt auch die weniger Wohlhabenden mit ihren Gaben. Das Gärtnern war und ist noch immer jedem zugänglich, der über ein Stück Land verfügt, und sei es noch so klein. So konnte jeder, der es verstand, seine Rosen zu pflegen, an diesem Wunder teilhaben. Seit der Mensch die Rose als Gartenblume für sich entdeckt hat, versucht er, das flüchtige Wunder des Duftes festzuhalten. Er extrahierte ihn in Wasser, Salben und Ölen und entdeckte nebenbei, welche Heilkraft der Rose innewohnt und dass sie sich sogar zur Zubereitung von Delikatessen eignet. Nicht jede Rose konnte gleichermaßen freigiebig mit Wohlgerüchen aufwarten, und nicht jede war robust genug, um auf Feldern zu stehen. Eine ganze Industrie wurde notwendig, um für ein zahlungskräftiges Publikum den Duft auf Flaschen zu ziehen. Davon erzählt dieses Kapitel.

Die Rosenliebhaberin und Autorin Vita Sackville-West besuchte im Sommer 1926 ihren Mann, der in Teheran am Hof des Schahs von Persien seinen Dienst als britischer Diplomat versah. In ihrem Reisebericht erinnert sie daran, dass ihre Landsleute die Rose zwar gern als eine Art englisches Nationalsymbol betrachteten, doch das persische Wort *gul* bezeichne nicht nur die Rose, sondern sei auch das allgemeine Wort für Blumen, was auf den »außergewöhnlichen Rang der Rose in Persien« verweise. Anders gesagt: Persien gebührt mindestens das gleiche Recht, sich als Land der Rosen zu bezeichnen. Immerhin beheimatet der Iran eine wahre Legende unter den Rosen, die von den Europäern – geografisch nicht ganz korrekt – Damaszener-Rose getauft wurde. Sie ist die älteste Gartenrose des Orients, wahrscheinlich eine Hybride aus *Rosa galllica* und *R. moschata* oder *R. phoenicia*, und was sie über alle anderen Rosen erhebt, ist ihr schwerer, süßer Duft. Er gilt heute als der Rosenduft schlechthin.

Berichte über persische Gärten kursierten bereits in der Antike. Der altpersische Begriff für Garten, *paradaidha*, ging in die europäischen Sprachen und ins Hebräische ein, wo er seither das himmlische Paradies bezeichnet – ein Beleg für den geradezu märchenhaften Ruf, den die persischen Gärten in Europa hatten. Doch erst die zurückgekehrten Soldaten Alexander des Großen konnten erzählen, was sie inmitten des wüsten, steinigen Landes mit eigenen Augen gesehen hatten: umfriedete, schattige Haine, durchzogen von kreuzförmig angelegten Kanälen und erfüllt von allen Wohlgerüchen des Orients. Diese Berichte veranlassten die wohlhabenden Bürger Athens, ihre Gärten ebenfalls mit Duftpflanzen zu bestellen – bis dahin hatten sie vor allem dem Obst- und Weinbau gedient. Auf der Insel Rhodos, deren Name sich vom altgriechischen Wort für Rose ableitet, entstand der erste kommerzielle Rosenanbau; es hieß, die Insel sei zur Blütezeit ganz und gar von Rosenduft erfüllt gewesen.

Diesen Duft einzufangen war der Ehrgeiz der Rosengärtner von Anbeginn und die dazu passende Legende führt wiederum nach Persien: Schauplatz soll der Palastgarten von Persepolis gewesen sein,

Etikett einer Parfümflasche.

Anlass die Hochzeit von Prinzessin Nour-Djihan. Ihr Vater, der persische Großkönig, ließ für eine Bootsfahrt des Brautpaares die Kanäle des Palastgartens mit Rosenwasser füllen und mit Rosenblättern bestreuen. Die Braut, heißt es, spielte mit ihren Fingern im kühlen Wasser, und als sie sie herauszog, waren sie mit einer honigähnlichen, wohlriechenden Essenz bedeckt. Dieser gewissermaßen materialisierte Wohlgeruch war nichts anderes als Rosenöl. Sein noch heute gebräuchlicher Name *attar* entspricht dem persischen Wort für Duft.

Ganz so einfach, wie in der Legende beschrieben, ist die Herstellung des begehrten Rosenöls allerdings nicht. Die Blüten müssen auch heute noch – wie bereits vor zweitausendfünfhundert Jahren – kurz nach Sonnenaufgang von Hand gepflückt werden, bevor die Knospen ihren Duft an den Sommermorgen abgeben. In einem kupfernen Behälter wird ein Gemisch aus Blütenblättern und Wasser erhitzt. Der aufsteigende Wasserdampf trägt das ätherische Öl in eine Kühlschlange, und als Destillat erhält man das sogenannte Rosenwasser. Obenauf schwimmt ein dünner Film reinen Rosenöls.

Aus diesem Öl und dem weniger schwer duftenden Rosenwasser wurde nicht nur Parfüm hergestellt, sondern auch Süßspeisen, wie etwa das türkische *lokum*, das zum Kaffee gereicht wird. Die orientalischen Köche aromatisierten damit Marmelade und Honig, aber auch Milchgerichte oder das »Haremskonfekt« Marzipan. Rosenaroma bereicherte Gewürzmischungen wie *Ras el Hanout*, und bei festlichen Gelegenheiten reichte man mit Rosenwasser besprengten Reis. Aber der Duft verfeinerte nicht nur Delikatessen, sondern diente auch spirituellen und kultischen Zwecken: Noch heute wird in Moscheen die Luft mit Rosenwasser parfümiert.

## Ein kostbares Handelsgut

Das wertvolle Öl wurde nicht nur in Persien hergestellt, sondern auch in der Türkei, in Libyen, Marokko und auf der Halbinsel Krim, später auch in Südfrankreich. Doch seit fast dreihundert Jahren kommt der überwiegende Teil der Weltproduktion aus einer einzigen Anbauregion,

Junge Frauen tragen ihre Blütenernte ein.
Ein Gemälde des Historienmalers Rudolph Ernst.

dem Rosental in Bulgarien, einer geschützten Ebene von fast hundert Kilometer Länge am Südhang des Balkangebirges. Hier wächst die »Bulgarische Ölrose«, eine persische Damaszener-Rose, deren Name »Trigintipetala« etwas prosaisch »dreißig Blütenblätter« bedeutet. Kurze Winter und ein langer, warmer Frühling garantieren die welt-höchste Konzentration des ätherischen Öls. Dennoch ist die Ausbeute unvorstellbar gering: Aus einer Tonne Blätter lassen sich nur zwei- bis dreihundert Milliliter Öl gewinnen, das entspricht gerade einmal einer Ausbeute von 0,02 bis 0,03 Prozent.

Im ganzen Orient, aber auch in Indien oder im nördlichen Afrika, waren die aus der Damaszener-Rose hergestellten Essenzen ein kost-bares Handelsgut und Bestandteil von Küche, Kultur und Ritualen. Als abendländisches Pendant zur Damaszener-Rose gilt die eher unschein-bare Essig-Rose *Rosa gallica*. Auch sie ist seit der Antike bekannt. Bereits der römische Gelehrte Plinius der Ältere beschreibt den genügsamen Strauch mit den dunkelroten Blüten. Er wuchs wild in den Laubwäl-dern Mitteleuropas sowie in der Mittelmeerregion und gilt als älteste in Europa kultivierte Gartenrose. Die großen Blüten mit den fünf Blüten-blättern duften nicht süßlich schwer wie orientalische Rosen, sondern eher frisch und zart, doch die getrockneten Blütenblätter der *Rosa gal-lica* besitzen die Fähigkeit, das Aroma lange zu halten. Man legte Duft-säckchen zwischen die Bett- und Leibwäsche, parfümierte Wein mit Rosenblüten, gab sie an Süßspeisen und schmückte mit ihnen das Haus. Zu zweifelhaftem Ruhm gelangte ein Festmahl des römischen Kaisers Heliogabalus. Der hatte es für eine unterhaltsame Idee gehalten, seine Gäste – nachdem er sie im Festsaal eingeschlossen hatte – unter einer dicken Schicht Rosenblüten, die er von oben auf sie niederregnen ließ, regelrecht zu begraben, sodass diese darunter erstickten.

Solche und ähnliche Geschichten trugen dazu bei, dass die Rose nach dem Untergang des Römischen Reiches in Verruf kam. Ledig-lich ihr medizinischer Nutzen sicherte der *Rosa gallica* einen Platz in den Klostergärten. Bereits in der Antike war Rosenessig ein be-liebtes Erfrischungsmittel zum Einreiben der Stirn bei Kopfschmer-zen und Migräne gewesen, daher stammt auch ihre Bezeichnung als Essig-Rose. Bereits der griechische Arzt Dioskurides kannte die zusammenziehende Wirkung von Rosenessenzen und verschrieb sie bei Ausschlag und Entzündungen in Mund und Rachen. Hildegard von Bingen empfahl, Rosenblätter auf die Augen zu legen, um deren »Triefen herauszuziehen«, und eine Salbe von Rosenblättern und Schweinefett sollte bei rheumatischen Beschwerden helfen. Doch vor allem schätzte sie die besänftigende Wirkung des Duftes: »Wer jähzornig ist, der nehme die Rose und weniger Salbei und zerreibe es zu Pulver. Und in jener Stunde, wenn ihm der Zorn aufsteigt, halte er es an seine Nase. Denn der Salbei tröstet, die Rose erfreut.« In diesem Sinne könne es auch nicht schaden, schrieb Hildegard, anderen Salben und Tränken »etwas von den guten Kräften der Rose« beizufügen.

Die Apothekerrose erhielt ihren Namen, weil alle Teile der Pflanze für medizinische Zwecke genutzt werden konnten.

Die Wildform der Essig-Rose dominierte jahrhundertelang die Haus- und Klostergärten in Mittel- und Südeuropa, doch zur wahren Apothekerrose avancierte erst die *Rosa gallica* »Officinalis«, eine Sorte, die vermutlich in Persien entstanden war. Sie weist all die schätzenswerten Eigenschaften der Wildform auf und verströmt zudem einen unvergleichlich süßeren Duft. Theobald IV., Graf der Champagne, brachte die dunkelrote Rose mit den locker gefüllten Blüten im Jahr 1239 aus dem »Land der Sarazenen« mit. Binnen Kurzem wurde sie kommerziell angebaut – vor allem in Theobalds Heimatstadt Provins nahe Paris. Zwar lässt sich aus der »Officinalis« deutlich weniger Öl gewinnen als aus der Damaszener-Rose, doch allein mit ihrem stark duftenden Rosenwasser wurde alles parfümiert, was aromatisch duften sollte: Likör und Gebäck, Marmeladen, Konfekt sowie natürlich Kleidungsstücke, Perücken und Wohnräume.

Bald blühte eine regelrechte Industrie, besonders beliebt waren Leckereien aus getrockneten und eingemachten Rosen. Im Jahr 1605 wurden die Apotheker von Provins beim kindlichen Prinzen, dem späteren Ludwig XIII., vorstellig und beklagten sich darüber, dass die Gendarmen der örtlichen Garnison einen unstillbaren Appetit auf eingelegte Rosen hätten. Darauf schrieb der Prinz seinem Vater, er möge doch die Kompanie verlegen: »Ich fürchte, sie essen alle [eingelegten Rosen] auf und für mich bleibt keine übrig.« Ludwig sah sein Lieblingsnaschwerk schwinden, doch die Apotheker werden wohl eher darauf bedacht gewesen sein, ein Kontingent der Provins-Rosen für die nicht weniger lukrativen medizinischen Präparate vorzuhalten.

Der englische Botaniker John Gerard beschrieb in seinem Pflanzenbuch *The Herball or Generall Historie of Plantes* von 1597 diese Rose als regelrechtes Allheilmittel: Sie stärke Leber, Niere und »andere empfindliche Organe« wie den Magen. Man könne sie zum Stillen von Blutungen verwenden, um »dem Schwitzen Einhalt zu gebieten« und für allerlei Wunden, Geschwüre und Absonderungen, die »gereinigt und getrocknet« werden müssten. Wie schon in der Antike war Rosenessig in Gebrauch, wahlweise verwendete man auch *Oleum rosarum* – Rosenöl –, das allerdings nicht mit dem unbezahlbaren

Rosenöl der Parfümherstellung zu verwechseln ist. Für medizinische Zwecke wurden die Blütenblätter der »Officinalis« mit Olivenöl eingekocht.

Doch zum beliebtesten Heilmittel avancierte der Rosenhonig, auch *Mel rosarum* genannt, »aus dem durchgeseihten Aufguss von drei Pfund siedendem Wasser und drei Unzen getrockneten roten Rosen mit sechs Pfund gereinigtem Honig zur Syrupdicke eingekocht«. In seiner *Chirurgischen Arzneimittellehre* aus dem Jahr 1792 zählt der deutsche Medizinprofessor Justus Arnemann auf, was sich mit *Mel rosarum* alles heilen ließe, merkt dann aber lakonisch an, »der gute reine Honig leistet vollkommen dasselbe«. Damit ist er wohl zu einem ähnlichen Schluss gekommen wie Hildegard von Bingen bereits sechshundertfünfzig Jahre zuvor: dass Rosenduft vor allem eine psychologische Wirkung habe, aber jedenfalls nicht schade – mehr als die Wirkstoffe wird nicht selten der königliche Ruf der Rose geholfen haben.

Der einzigartigen Reputation des Rosenduftes hat dies jedoch keinen Abbruch getan. Jahrhundertelang wurden Rosenarten und -sorten immer wieder daraufhin untersucht, ob sie mit dem betörenden Duft der orientalischen Rosen oder doch wenigstens mit dem der Apothekerrose mithalten konnten.

Ein großer Erfolg war zum Beispiel *Rosa rugosa* beschieden. Sie wird bei uns wenig poetisch Kartoffel-Rose genannt und kam vor über zweihundert Jahren aus dem Fernen Osten – aus Sibirien, Korea, Japan und China – nach Europa. Die Blütenblätter, die einen feinen Nelkenduft verströmen, vermischte man mit Moschuskraut und Kampfer. Bei der Schottischen Zaunrose sind es ungewöhnlicherweise vor allem die Blätter, die einen starken Eigengeruch besitzen, in diesem Fall nach frischen Äpfeln. Man trocknete sie und legte sie zwischen die Wäsche. Die Zimt-Rose *Rosa cinnamomea* »Plena« dagegen zeichnet sich durch den Vorzug aus, dass ihre kleinen gefüllten rosa Blüten sich außergewöhnlich lange halten. Noch 1823 heißt es in einem englischen Rosenbuch, sie sei ein Liebling der Damen: »( … ) denn sie kann länger am Busen getragen werden als jede andere Rose. Mit ihrer winzigen

Größe, ihrer Farbe und ihrem angenehmen Parfüm ist sie gut geeignet, den Platz einer Juweliersbrosche einzunehmen.«

Es wäre eine zu schöne Pointe für ein Buch, das sich mit Rosen und Frauen beschäftigt, wenn die sogenannten Frauenrosen sich durch besonders prachtvollen Blütenschmuck oder betörenden Duft auszeichnen würden. Doch sowohl die Hundsrose *Rosa canina* als auch die Alpenrose *Rosa pendulina*, die sich beide mit dieser Bezeichnung schmücken dürfen, sind unscheinbare, wenig duftende Wildrosen. Frauenrosen wurden sie genannt, weil ihre Früchte – die Hagebutten – einst als Stärkungsmittel für stillende Mütter und Rekonvaleszenten dienten. Darauf deutet auch ein anderer Name der Hundsrose hin: »Friggas Dorn« erinnert an die germanische Göttin Frigga, die den Frauen bei Schwangerschaft und Geburt beistehen soll – ein unscheinbarer Strauch als Attribut der mächtigen Göttin. Allein diese Tatsache zeigt, dass die kleine, wunderkräftige Hagebutte schwerer wog als aller Wohlgeruch und Blütenschmuck und jede Leckerei.

> »*Sind wir denn von Sinnen*
> *und wähnen wir uns in den Tropen*
> *oder in der übermütigen Provence,*
> *dass wir dennoch hoffen,*
> *die Rose möchte bei uns*
> *schon im Januar erblühen?*«
>
> SIDONIE-GABRIELLE COLETTE

Die gefeierte Salonschönheit Lillie Langtry wurde,
mit einer gelben Rose in der Hand, 1878 von Sir Edward John Poynter
auf Leinwand gebannt. Kurz darauf erwarb ihr Verehrer
Oscar Wilde dieses Gemälde.

# V

# Leidenschaft und Erinnerung:

## *Berühmte Namensgeberinnen*

Aus der lateinischen Bezeichnung einer Rose lässt sich ablesen, zu welcher Klasse sie gehört und auf welche Wildrosenart sie letztlich zurückzuführen ist. Dieser wissenschaftliche Teil des Namens wird von der Botanikerzunft seit den 1750er Jahren nach den von Carl von Linné begründeten Regeln gebildet. Doch bei der Sorte – der ganz individuellen Gestalt, die unter der Hand des Züchters entstanden ist – kann ihr Schöpfer seiner Fantasie und seinen Neigungen freien Lauf lassen.

Der Australier Alister Clark, Rosenzüchter und Lebemann, war dafür bekannt, seine Kreationen nach berühmten Rennpferden wie »Flying Colours« oder »Squatter's Dream« zu benennen. Andere drückten mit dem Namen ihre Verehrung für Staatsmänner wie »Sir Winston Churchill« oder »President Eisenhower« aus, widmeten sie ihrer Heimatstadt oder nannten sie gleich »Rose du Roi« – die Rose des Königs. Andere Bezeichnungen sind eher poetisch inspiriert und oft nicht ganz frei von Kitsch, man denke an »Frühlingszauber«, »Flammentanz« oder »Golden Fleece«.

Doch die meisten Züchter, und das waren in der Vergangenheit überwiegend Männer, gaben ihren Schöpfungen Frauennamen. Mitunter assoziieren Namen wie »Ballerina« oder »Schneeprinzessin« weibliche Eleganz, Liebreiz oder Zärtlichkeit. Die Herren der (Rosen-) Schöpfung huldigten Herrscherinnen wie »Queen Elizabeth« oder feinen Damen der Gesellschaft wie »Ghislaine de Féligonde«, und manche Rose lieh ihren Glanz von mythischen Heldinnen wie »Penelope«, »Ophelia« oder »Eos«. Doch kaum ein Rosenzüchter ließ sich die Gelegenheit entgehen, seine Liebe zu der eigenen Herzensdame im Namen der Rose auszudrücken. Die Ehefrauen und Geliebten, die unglücklich verehrten oder erfolgreich eroberten Damen, aber auch die geliebten Mütter und Töchter wurden auf diese Weise in der Gartengeschichte verewigt.

Die so gewählten Frauen, von denen einige wenige für dieses Kapitel ausgewählt wurden, sind manchmal selbst großartige Rosengärtnerinnen und -züchterinnen gewesen, etwa Louisette Meilland, oder haben die Rosenliebhaberei gefördert, wie die deutsche Kaiserin Auguste Viktoria. Aber viele von ihnen wären längst vergessen, würde uns nicht der Name einer Rosenzüchtung auf ihre Spur bringen. Diese Namen erinnern an die Frauen im Hintergrund, die den Geschlechterrollen ihrer Zeit entsprachen und oftmals gerade deshalb ihre Ehemänner, Väter oder Brüder befähigten, in die Geschichte der Botanik einzugehen.

# Kaiserin Auguste Viktoria

❧ 1858 – 1921, Deutschland

D ie Rose mit dem Namen »Kaiserin Auguste Viktoria« galt
über Jahrzehnte als die Brautrose schlechthin: eine Teehybride in jungfräulichem Weiß mit schlanker, edel geformter
Blüte, haltbar und langstielig, die zu alledem noch einen intensiven
Duft verströmt. Als sie 1890 in Berlin erstmals ausgestellt wurde, zeigte
die Gemahlin von Kaiser Wilhelm II. großen Gefallen an dieser
Neuzüchtung von Peter Lambert. Im Jahr darauf widmete er die Blume
mit der majestätischen Ausstrahlung der Kaiserin zu deren zehntem
Hochzeitstag. Einige Jahre später konnte der Verein Deutscher Rosenfreunde Auguste Viktoria als Patronin gewinnen.

Für die Kaiserin war dieses Patronat keine schlechte Wahl. Zum einen lag eine Hinwendung zur Königin der Blumen nahe, zum anderen

Die nach ihr benannte Teehybride.

Auguste Viktoria war Patronin des Vereins Deutscher Rosenfreunde.

avancierte die Rosenzucht im ausgehenden 19. Jahrhundert bei ihren Untertanen zu einem beliebten Hobby. Das Rosenfieber erfasste Gräfinnen genauso wie Forstmeister, es ernährte Heerscharen von Profigärtnern, ließ sich aber auch im Bauerngarten oder auf einer sandigen Scholle hinter einem Bahnwärterhäuschen praktizieren. Rosenzüchter aller Couleur präsentierten jedes Jahr eine Unzahl neuer Varietäten, alte Sorten wurden aussortiert, scheinbar vergessen, und tauchten plötzlich unter anderem Namen wieder auf. Kurzum: Die Stimmung war euphorisch und die Lage unübersichtlich. Es fehlte eine taugliche Institution, um Sicherheit bei der Sortenbestimmung zu erreichen und vor allem die aus der Mode kommenden Rosen vor dem Verschwinden zu bewahren. Peter Lambert, Mitbegründer des Vereins Deutscher Rosenfreunde, schlug 1897 vor, ein zentrales Vereinsrosarium anzulegen. Ein solcher Schaugarten würde Referenzpflanzen versammeln und hätte den schönen Nebeneffekt, dem Fleiß und der Kunst deutscher Züchter ein Denkmal zu setzen.

Ein Grundstück, geeignet zum Rosenanbau sowie zum Lustwandeln gleichermaßen, fand sich schließlich in Sangerhausen, einer Kleinstadt am Südrand des Harzes. Der Kaufmann Albert Hoffmann konnte den Stadtvätern ein verkommenes Stück Stadtpark abgewinnen und spendierte aus seiner Privatsammlung einen Grundstock von unvorstellbaren eintausendeinhundert Rosenpflanzen. Ein Verschönerungsverein wurde gegründet, und zur Eröffnung im Sommer 1903 reisten Rosenfreunde aus den entlegensten Gegenden des Reiches an.

Von deren Enthusiasmus getragen, konnte das Rosarium Sangerhausen über zwei Weltkriege hinweg erhalten und trotz Wirtschaftskrisen, Inflation und deutscher Teilung immer weiter entwickelt werden. Der Pflanzenbestand wuchs kontinuierlich, es wurden Neuheitenprüfungen, Fachtagungen und Seminare veranstaltet und eine Zentralstelle für Rosenforschung nebst Bibliothek aufgebaut. Heute stehen in Sangerhausen auf einer Fläche von dreizehn Hektar circa fünfundsiebzigtausend Pflanzen von rund achttausenddreihundert Rosensorten – es ist die weltgrößte Sammlung und eine lebende Genbank der Rosenkulturgeschichte.

## *Wechselvolles Geschick einer Büste*

Ganz nebenbei ist das Rosarium Sangerhausen zur Blütezeit ein wahrhaft berauschender Wandelplatz, dessen Schönheit noch durch Gehölze, Wasserspiele und Statuen gesteigert wird. Und hier begegnet man auch Auguste Viktoria wieder, in Gestalt einer sogenannten Herme, einer Marmorbüste auf hohem Sockel. Wohlhabende Bürger hatten die Büste der Schirmherrin des Vereins Deutscher Rosenfreunde bei dem Berliner Bildhauer Arnold Künne in Auftrag gegeben. Zu ihrem fünfundzwanzigsten Regierungsjubiläum am 15. Juni 1913 wurde sie mit großem Pomp im Rosarium aufgestellt und blickte seither huldvoll in Richtung Eingang.

Nach dem Zweiten Weltkrieg sollte das Denkmal entfernt werden. Der russische Stadtkommandant – offenbar ein Schöngeist – wischte das Ansinnen mit der Bemerkung vom Tisch, die Büste zeige eine

---

Die Kaiserin und ihre Tochter Prinzessin Viktoria Luise im Blumenkorso.

schöne Frau und bleibe stehen. Doch 1950 war es dann so weit: Die Leitung des Rosariums erhielt die Weisung, die unzeitgemäße Huldigung an die kaiserliche Regentin zu beseitigen. Direktor Hans Vonholdt und der Gärtner Paul Täckelburg brachten es nicht übers Herz, die Büste, die so lange über ihr geliebtes Rosarium gewacht hatte, zu zerstören, und vergruben sie kurzerhand auf dem Gelände. Anfang der 1980er Jahre ging eine Anfrage aus Berlin nach dem Verbleib der Kaiserin in Sangerhausen ein. Eine Ausstellung mit den Werken von Arnold Künne war in Vorbereitung, und die Büste fand sich im Werkverzeichnis. Der umsichtige Paul Täckelburg grub daraufhin das unversehrte Marmorkunstwerk aus der Erde, das seit 1983 wieder im Rosarium bewundert werden kann. Die anstandslose Rehabilitierung kam möglicherweise auch deshalb zustande, weil die Kaiserin auf den ersten Blick als freundliche, ältere Blumenhändlerin gelten konnte – der Bildhauer hatte, bis auf die dezente Perlenkette und eine angedeutete Pelzstola, auf jeglichen imperialen Prunk verzichtet.

Auch die Rose »Kaiserin Auguste Viktoria« überdauerte die deutsche Monarchie. Noch heute findet sich die robuste, blühfreudige Pflanze in vielen Rosenbeeten und wird – bei aller neuzeitlichen Konkurrenz – immer noch gerne als Schmuck für den Brautstrauß gewählt.

# Ellen Ann Willmott

1858 – 1934, Großbritannien

Ellen Ann Willmott war eine jener exzentrischen, wohlhabenden
Engländerinnen, die mit ihrer Leidenschaft fürs Gärtnern ganze
Vermögen durchbrachten. Heute kann der Reisende die sorgfältig restaurierten Gartenkunstwerke solch begnadeter Verschwende-
rinnen besichtigen, aber im Fall von Miss Willmott hat es das Schicksal
anders gewollt: Über ihre Gärten ist die Zeit hinweggegangen; sie
sind geplündert, verfallen oder überbaut. Und so wäre Ellen Willmott
bald nur noch Kennern ein Begriff, hätte sie nicht auch ein Buch hinterlassen, das zu den herausragenden Werken botanischer Literatur gehört: die Rosenfibel *The Genus Rosa*.

Ellens Leidenschaft für Pflanzen erwachte, als sie siebzehn Jahre alt
war. Da erwarben die Eltern Warley Place, ein stattliches Anwesen vor

den Toren Londons, und gaben sich in den nächsten fünfzehn Jahren gemeinsam mit den beiden ledigen Töchtern dem Gärtnern im großen Stil hin. Ellen half ihrer Mutter, einen formalen Garten am Haus zu entwerfen. Währenddessen wurde auf dem dreizehn Hektar großen Gelände viel Erde bewegt: Es entstanden ein Bach, ein Teich und ein Wasserfall, dazu eine künstliche Schlucht nebst steinigen Hügeln, auf denen unter Ellens Anleitung das künftige Alpinum angelegt wurde.

In ihrem dreißigsten Lebensjahr fiel der immer noch unverheirateten Ellen Willmott die Hinterlassenschaft ihrer Patentante Helen Tasker zu, und fortan gab es kein Halten mehr: Sie bestellte wie im Rausch Tausende Pflanzen bei den besten Züchtern Europas. Als sie sich in ein französisches Château nahe Aix-les-Bain verliebte, kaufte sie es kurzerhand, und da sie, wie fast alle wahren Pflanzensammler, eine heftige Leidenschaft für Exoten hegte, musste auch noch ein frostsicherer Garten in Italien her, La Boccanegra an der ligurischen Küste. Nach der Heirat ihrer Schwester und dem Tod der Eltern oblag ihr die

»Fortune's Double Yellow« stammt ursprünglich aus Großbritannien. Alfred Parsons malte sie für das Tafelwerk *The Genus Rosa*, verfasst von Ellen Ann Willmott.

Betreuung dieser drei Anwesen ganz allein. Unentwegt war sie nun auf Reisen, stets elegant gekleidet, mit Hutschachteln, Schrankkoffern und der ihr unentbehrlichen Gesellschafterin Lalla Burge. Sie beaufsichtigte die Arbeit an den Gärten, besuchte einen endlosen Reigen glänzender Feste des europäischen Adels und gab gelegentlich in Warley Place Konzerte, bei denen sie ganz passabel die familieneigene Stradivari spielte.

In den besten Zeiten beschäftigte sie mehr als einhundert Gärtner – wohlgemerkt ausschließlich Männer, denn sie sagte selbst: »Frauen in der Rabatte – das endet in einer Katastrophe!« Dass sie so gering von gärtnernden Frauen dachte, ist erstaunlich, denn sie selbst hatte sich geradezu unglaubliche botanische Kenntnisse angeeignet, sodass Warley Place in einem Atemzug mit Kew Gardens genannt wurde. Es hieß, dort wüchsen einhunderttausend verschiedene Spezies von Bäumen, Sträuchern, Stauden und Blumen, und es ist davon auszugehen, dass Miss Willmott einen Großteil von ihnen botanisch bestimmen

---

Der Familiensitz der Willmotts, Warley Place, ist heute eine Ruine. Der ehemals prachtvolle Park wurde als Landschaftsschutzgebiet ausgewiesen.

konnte. Sie wurde das erste weibliche Mitglied der Naturforscher-Gesellschaft Linnean Society, war gefragte Spezialistin und gefeierte Preisträgerin und stürmte die männlichen Bastionen der Royal Horticultural Society. Dort gehörte sie dem Lilienkomitee an und engagierte sich in der Arbeitsgruppe für Narzissen. Diesen vielgestaltigen Frühblühern galt ihre erste Liebe – in Warley Place soll sie mehr als sechshundert verschiedene Sorten versammelt gehabt haben.

1897 bekamen Ellen Ann Willmott und Gertrude Jekyll als erste Frauen die *Victoria Medal of Honour* der Royal Horticultural Society verliehen. Aber auch die allerhöchste Ehre, die die Gemeinde der Pflanzenliebhaber zu vergeben hatte, wurde ihr überreich zuteil. Mehr als sechzig Spezies tragen heute ihren Namen, wie zum Beispiel *Ceratostigma willmottianum*, das blau blühende Chinesische Bleiwurz, oder die Scheinhasel *Corylopsis willmottiae*. Das kam nicht von ungefähr: Die wohlhabende Pflanzennärrin finanzierte mehrere Expeditionen, wie etwa jene von Ernest Henry Wilson, der im Auftrag der berühmten Gärtnerei »Veitch and Sons« nach China reiste. Dort fand er in den trockenen Hochtälern des westlichen Sichuan eine bis dahin unbeschriebene Wildrosenart und taufte sie nach seiner Mäzenin *Rosa willmottiae*.

Dass diese Wildrose nach ihr benannt wurde, erfüllte Ellen Willmott mit besonderem Stolz. Rosen waren ihre letzte und größte Passion. Der englische Gärtner Carrovan betreute ihre Rosensammlungen

Nach der großen Pflanzenkennerin und -sammlerin
wurde eine Wildrosenart benannt.

in Warley Place und in Ligurien, und es ist fast überflüssig, zu sagen, dass sie die wohl prachtvollste und vollständigste englische Sammlung ihrer Zeit besaß. Es hätte nahegelegen, diese Kollektion für die Nachwelt im Bild zu verewigen, doch Ellen Willmott wollte auch hierbei höher hinaus: Es sollte ein Werk sein, das Botaniker ebenso in Erstaunen versetzte wie Kunstsammler, ein Prachtband, der nicht nur die Summe ihrer Erfahrungen repräsentieren, sondern auch ihrer maßlosen

---

Die Elfenbeindistel *Eryngium giganteum*.
Miss Willmott trug auf ihren Reisen stets ein Quantum an
Samen dieser stacheligen Schönheit bei sich und pflegte ihn auszustreuen,
deshalb nennt man sie heute »Miss Willmotts Geist«.

Leidenschaft für die Flora ein Denkmal setzen sollte: »Meine Gärten sind mir das Wichtigste überhaupt und meine gesamte Zeit widme ich der Arbeit in dem einen oder anderen von ihnen, und wenn das Licht nicht mehr ausreicht, um die Pflanzen zu sehen, lese oder schreibe ich über sie.«

1910 erschienen die ersten Tafeln von *The Genus Rosa*, vier Jahre später folgte ein zweiter Band. Der Titel bedeutet im Deutschen »Die Gattung Rosa«, und in der Tat enthält ihr Werk die meisten der damals bekannten Wildrosenarten sowie deren Herkunft, Geschichte der Entdeckung und weitere Verwendung in der Rosenzucht. In jahrelanger Arbeit hatte die Gärtnerin und Forscherin die Geschichte der Pflanzenjäger vergangener Jahrhunderte rekonstruiert und fast alle der damals bekannten Wildrosenarten in ihren Gärten zum Blühen gebracht.

Sie gewann den renommierten Landschaftsmaler Alfred Parsons, die Rosen in seinen spröden, lichtvollen Aquarellen festzuhalten. Parsons – ein gestandener Professor von fast sechzig Jahren – pendelte einige Sommer lang zwischen Warley Place und La Boccanegra, um die jeweils gerade blühenden Exemplare malen zu können. Der Maler reichte seine Pflanzendarstellungen pünktlich ein, aber dennoch geriet das Unternehmen bald aus den Fugen. Der Verleger musste alle paar Wochen die Kosten nach oben korrigieren; es kam vor, dass die Auftraggeberin ihren Sinn änderte und doch lieber eine andere Rose gezeichnet haben wollte. Sie selbst lieferte ihre Begleittexte zu spät ab, dann wieder erschien ihr das Papier nicht edel genug. Im Erscheinungsjahr des ersten Bandes 1910 wurden lediglich zweihundertsechzig der gedruckten tausend Exemplare verkauft.

Der wirtschaftliche Misserfolg ihres Lieblingskindes bedeutete den Anfang vom Ende. Nach einem Brand in ihrem französischen Château verschlang dessen Rekonstruktion die Reste des Familienvermögens. La Boccanegra wurde verpachtet, und die neuen Bewohner pflügten als Erstes die unschätzbar wertvolle Rosensammlung unter – sie hatten andere Pläne, als das Lebenswerk einer verrückten Engländerin zu bewahren. Ellen Ann Willmott konnte nur noch Warley Place halten. Das Tafelsilber und die Stradivari wurden verkauft, selbst die Gärtner mussten entlassen werden. Freunde und Weggefährten starben, dann ihre geliebte Schwester und die nicht weniger geliebte Lalla Burge. Am Ende teilte sie das Schicksal der einsamen Visionäre, die Anlagen wie The Leasowes, Fonthill Abbey oder Painshill Park erschufen – jene Sonderlinge der Gartengeschichte, die sich in ihrem Traum vom Wundergarten nicht von solchen Kleinigkeiten wie dem drohenden Bankrott beirren ließen.

Doch Ellen Willmotts Ruhm hallte nach. Der irische Züchter Samuel McGredy widmete ihr eine wohlriechende gelbe Teehybride, die er »Miss Willmott« nannte, und eine hellrosa Schönheit mit ausgefransten Blütenblättern erhielt durch den Engländer William E. B. Archer einige Jahre später den Namen »Ellen Willmott«. Immer noch kamen Einladungen zu den Sitzungen der Komitees und ehrwürdigen königlichen Pflanzengesellschaften. Doch Ellen Willmott wurde mit zunehmendem Alter wunderlich, kaufte sich einen Revolver, um Pflanzendiebe zu verjagen, und wurde – als könne es nicht noch schlimmer kommen – eines Nachmittags wegen Ladendiebstahls verhaftet. Sie starb verarmt mit sechsundsiebzig Jahren. Warley Place wurde 1939 verwüstet, und die Pflanzenschätze, einschließlich der Rosensammlung, geplündert. Geblieben sind ein paar alte Bäume, Millionen ausgewilderter Frühblüher und *The Genus Rosa*.

*»Meine Gärten sind mir das Wichtigste überhaupt und meine gesamte Zeit widme ich der Arbeit in dem einen oder anderen von ihnen, und wenn das Licht nicht mehr ausreicht, um die Pflanzen zu sehen, lese oder schreibe ich über sie.«*

ELLEN ANN WILLMOTT

# Madame Jules Gravereaux

1852 – 1932, Frankreich

Nur wenig ist über das Leben von Madame Jules Gravereaux überliefert. Geboren wurde sie als Laure Thuillier – Jules ist der Name ihres Gemahls. Im Frankreich des 19. Jahrhunderts war es nicht unüblich, dass die Gattin ganz und gar hinter dem Namen des Mannes verschwand, und die Rose »Mme Jules Gravereaux« würdigt eher das Werk ihres Gatten als das ihre. 1873 hatten die beiden geheiratet, Laure gebar sieben Kinder und zog sie auf, während Jules den Reichtum schuf, der ihnen allen nach seiner Pensionierung die Tage versüßen sollte – der Sohn eines Tischlers schaffte es bis ins Direktorium des Kaufhauses Bon Marché.

---

Die Rose »Mme Jules Gravereaux«.

1892 war es so weit, Jules Gravereaux zog sich aus dem Geschäft zurück und kaufte für die Familie in L'Haÿ, einem Städtchen im Außenbezirk von Paris, ein Landhaus aus der zweiten Hälfte des 18. Jahrhunderts. Die Eheleute hegten eine Vorliebe für den Stil der Napoleonischen Ära, des sogenannten Empire, und dekorierten ihr Heim mit Mobiliar aus dieser Zeit. Jules war ein begeisterter Hobbyfotograf und verbrachte seine Tage in der Dunkelkammer – um ihren Ehemann an die frische Luft zu locken, schlug Laure ihm vor, einen Rosengarten anzulegen. Ihre Bemühungen hatten Erfolg: 1894 pflanzte er in den alten Küchengarten mehr als einhundert Rosenstöcke und war von dem Ergebnis so begeistert, dass er beschloss, aufs Ganze zu gehen: Er wollte einen »Rosengarten der Intelligenz« erschaffen – sein

Nach seinem Rückzug aus dem Geschäftsleben
verlegte sich Jules Gravereaux aufs Gärtnern und trug die
größte Rosensammlung Europas zusammen.

Bestreben war, eine ganze Gattung mit all ihren abenteuerlichen Verwandtschaftsbeziehungen zu verstehen (ein Wunsch, den wohl jeder Rosengärtner nachvollziehen kann) und sie in ihrer Komplexität, Vielfalt und Schönheit zu zeigen.

Ein Garten für nur eine Pflanzenart, und sei es für die Königin der Blumen, war zu dieser Zeit geradezu undenkbar. Zwar gab es in jedem kunstgerecht angelegten Garten ein Rosenbeet, doch wer Geld hatte, zeigte gern die Pflanzenschätze der Welt oder zumindest das, was er sich davon leisten konnte. Die Gartenmode des ausgehenden 19. Jahrhunderts verlangte repräsentative Teppichbeete und gut bestückte Gewächshäuser. Jules Gravereaux aber blieb bei seinem Vorsatz. Die Tatkraft, die er bisher in seine Geschäfte investiert hatte, widmete er nun seinen Rosen. Er legte einen Versuchsgarten an, und innerhalb kürzester Zeit korrespondierte der Autodidakt mit Züchtern, Sammlern und Botanikern.

Der renommierte französische Landschaftsgestalter Édouard François André erhielt den Auftrag, einen formalen Garten anzulegen, und schuf auf nur zweitausenddreihundert Quadratmetern einen genialen Raum: Aus der dreieckigen Grundfläche entstanden durch axiale Wege thematisch getrennte Abteilungen. In der Höhe strukturierte André den Garten mithilfe von Laubengängen, Gitterwerk, Säulen und Statuen. Der Franzose verband die Feier der Rose mit einer Feier der sinnlichen Liebe – ein »Tempel der Venus« krönt noch heute das leicht ansteigende Gelände am Ende der Hauptsichtachse. Dort empfängt eine Reproduktion der berühmten Marmorstatue »Die Badende« von Falconet den Besucher unter einem blütenschweren Baldachin.

In dieser Struktur verteilte Jules Gravereaux eintausendsechshundert Rosensorten und schuf damit den ersten Garten, der ausschließlich der Königin der Blumen gewidmet war. Drei Jahre nach der Eröffnung im Jahr 1899 waren bereits viertausend Varietäten von Kulturrosen und neunhundert Wildrosen zu sehen. 1910 hatte er sein Ziel erreicht, alle bekannten Rosen seiner Zeit, insgesamt waren es achttausend Sorten und Varietäten, in diesem Garten zu versammeln.

Doch die Pflanzen standen mittlerweile dicht an dicht, sodass Jules'
Sohn Henri den Entwurf von André ergänzte und umstrukturierte.
Heute umfasst das Rosarium Val-de-Marne ungefähr eineinhalb Hek-
tar. Die Beliebtheit des Rosengartens führte sogar dazu, dass die Stadt
L' Haÿ im Jahr 1914 offiziell in L' Haÿ-les-Roses umbenannt wurde.

Jules Gravereaux war aber nicht nur ein besessener Sammler, sondern auch ein begabter Gärtner. Sein Versuchsgarten am Rande des
Rosariums, in dem er Methoden der Kultivierung erprobte und selbst
Rosen züchtete, stand jedermann offen. Als der Rosengarten des
Château de Bagatelle im Pariser Park Bois de Boulogne angelegt werden
sollte, bat man ihn um Rat, und er fügte seinen Empfehlungen ein Geschenk von eintausendzweihundert Rosenstöcken hinzu. Seine größte
Stunde aber schlug, als das heruntergekommene Schloss Malmaison
renoviert werden sollte. Für Gravereaux war es als großen Verehrer des
Empire geradezu Ehrensache, der Bitte nachzukommen, die verloren-
gegangene Rosensammlung der Kaiserin Joséphine hundert Jahre nach
ihrer Zerstörung zu rekonstruieren. Und tatsächlich gelang es ihm, sie

dank der Vorlage des Tafelwerkes *Les Roses* von Redouté wieder zu-
sammenzutragen. Im November 1911 ließ er einhundertachtundneun-
zig verschiedene Rosenstöcke im Park von Malmaison pflanzen.

Und wo war Madame Gravereaux in all der Zeit? Sehr wahrscheinlich war sie es, die die Familie zusammenhielt und dem Hauswesen
vorstand. Möglicherweise hat sie ihren Mann unterstützt bei seinen
Recherchen, hat Baupläne und Neuzüchtungen mit begutachtet, Gäste
empfangen und Korrespondenz erledigt. Über ihr Leben schweigen die
Geschichtsbücher. Geblieben ist die Rose, die noch heute an sie erinnert: eine lieblich duftende, kletternde Teerose von blassem Orange.

Das Rosarium von L' Haÿ gestern und heute:
Der stolze Begründer zeigt Besuchern seine Rosenschätze.

Dieses »Haus mit Rosen in Versailles« von Henri Le Sidaner
wirkt weder aufgeräumt noch prunkvoll,
aber gerade das macht seinen Charme aus.

# Louisette Meilland

1920 – 1987, Frankreich

F ür Marie-Louise (Louisette) Meilland standen die Chancen, dass einmal eine Rose nach ihr benannt werden würde, gleich doppelt gut. Zum einen war sie die Tochter des italienischstämmigen Rosenzüchters Francesco Paolino aus dem südfranzösischen Antibes. Zum anderen heiratete sie Francis Meilland, ebenfalls Spross einer Rosenzüchterfamilie. Sowohl der eine als auch der andere hätten gern der liebreizenden Louisette ein Denkmal gesetzt, doch es sollte anders kommen.

Louisette hatte Francis kennengelernt, als sie noch ein halbes Kind war. Schon als Mädchen ging sie ihrem Vater in dessen Rosenfeldern beim Okulieren – dem Veredeln der Pflanzen – zur Hand, der junge Francis wiederum kam an der Seite seines Vaters dort zu Besuch.

Während die alten Herren fachsimpelten, müssen die jungen Leute wohl festgestellt haben, dass sie noch mehr verband als die gemeinsame Liebe zur Profession ihrer Väter. Im Januar 1939 wurde in der Kapelle St. Benoit auf der Halbinsel Cap d'Antibes Hochzeit gehalten.

Francis Meilland sollte der Firma Meilland zum Durchbruch verhelfen. Von seinen Lehr- und Wanderjahren durch Europa und Amerika hatte er revolutionäre Ideen mitgebracht: 1937 druckte er von seinem Rosensortiment den ersten Farbkatalog, dreiundzwanzig Tage später waren alle Pflanzen, die er auf Lager hatte, ausverkauft. Er baute das erste Kühlhaus für Schnittrosen in Europa und ließ seine Rosen patentieren – bisher hatte es keinerlei Eigentumsrechte an einer züchterischen Neuheit gegeben. Vor allem aber eröffnete er ein Netz von internationalen Niederlassungen. Zwar herrschten unter der südfranzösischen Sonne ideale Bedingungen zur Rosenzucht, aber um seine Pflanzen in ganz Europa oder gar weltweit verkaufen zu können, mussten sie vor Ort an das jeweilige Klima angepasst werden.

---

Louisette und Francis Meilland.

Doch alle noch so modernen Geschäftsmethoden wären umsonst gewesen, hätte Francis Meilland nicht auch eine außergewöhnlich glückliche Hand als Züchter gehabt. Seine Rose »Golden State« zum Beispiel wurde Wahrzeichen und Plakatmotiv der großen Internationalen Rosenschau in San Francisco im Jahr 1939. Aber auch Louisette war eine begnadete Schöpferin. Selbst in den Jahren, als sie ihre Kinder aufzog und die Buchhaltung der immer größer werdenden Firma erledigte, verfolgte sie mit Leidenschaft eigene Züchtungslinien. Die Teehybride »Yves Piaget« wurde ihr Meisterstück. Die pinkfarbene Schönheit, die eher an eine Päonie erinnert, erhielt für ihren schweren, intensiven Duft alle wichtigen Preise, die die Rosenzüchtergemeinschaft zu vergeben hat. Noch heute wird sie als eine der schönsten Duftrosen gehandelt.

Die Familie Meilland in einem ihrer Gewächshäuser.

# Eine Legende unter den Rosen

Die Dynastie Meilland wurde in jeder Generation von mindestens einer bemerkenswerten Frau geprägt, und ihnen allen sind Rosen gewidmet. Die berühmteste ihrer Züchtungen wurde »Mme A. Meilland«, eine Teehybride, deren Blütenblätter einen wahren Regenbogen von Gelb über Cremefarben bis Karmesinrot aufweisen. In den ersten zehn Jahren wurde sie dreißig Millionen Mal verkauft und 1976 zur ersten »Weltrose« gekürt. Francis hatte sie Ende April 1945 auf den Markt gebracht, in den Tagen, als mit dem Kampf um Berlin der Zweite Weltkrieg beendet wurde. Der historischen Stunde eingedenk, wurde sie in Amerika fortan »Peace« genannt, und einige Monate später bekam jeder Delegierte der ersten UN-Vollversammlung eine dieser symbolträchtigen Rosen überreicht. In Italien ist diese Rose unter dem Namen »Gioia« (Freude) bekannt, und in Deutschland nannte man sie nicht weniger enthusiastisch »Gloria Dei«. Die Zuschreibung als Friedenssymbol verselbstständigte sich, doch eigentlich hatte der Züchter mit dieser Blume seiner Mutter »Mme. A. Meilland« ein Denkmal setzen wollen. Sie verstarb in jungen Jahren und musste den Witwer Antoine und den kleinen Sohn Francis der Obhut ihrer Schwiegermutter überlassen. Die resolute alte Dame zog den Knaben auf, und dieser dankte seiner »Grand'mère Jenny« unter anderem, indem auch sie eine eigene Rose bekam: eine gelbe, stark duftende Teehybride, die nach ihrem Erscheinen hoch dekoriert wurde.

In einer Familie mit so fähigen und kreativen Rosengärtnerinnen blieb die Benennung der Rosen nach geliebten Frauen kein Vorrecht der Männer. Louisette setzte die Tradition fort, indem sie 1945 ihrer Tochter Michèle eine Teehybride widmete, eine changierend weißlich rosafarbene, mitunter gelbliche Blüte, die sich in Neuseeland derartiger Beliebtheit erfreut, dass sie dort eine Briefmarke schmückt. 1971 taufte sie eine weitere Rose nach ihrer Enkeltochter »Sonia Meilland«. Die beliebte Schnittrose trägt lachsfarbene Blüten, die sich bisweilen in zartes Rosa wandeln. In England heißt sie »Sweet Promise«, süßes Versprechen.

Louisette Meilland hatte weder ihrem Vater noch ihrem Ehemann gestattet, eine Rose nach ihr zu benennen. Aber der Einfallsreichtum ihrer Kinder war stärker als die Bescheidenheit der Züchterin (die vielleicht auch mit Koketterie gemischt war). Sie verwendeten einfach den Kosenamen, den die Enkel der geliebten Großmutter gegeben hatten: »Manou«, was im Französischen Großmütterchen bedeutet. Die Beetrose »Manou Meilland« ist ein kleiner, kompakter Strauch, der von Juni bis September unermüdlich stark duftende flieder- und rosafarbene Blüten trägt.

Saskia Ozols Eubanks (*1973), Tea Party, 2010, Privatsammlung.

# Alma de l'Aigle

1889 – 1959, Deutschland

Eine der meistverkauften Schnittrosen der 1950er Jahre war die leuchtend gelbe Teehybride »Geheimrat Duisberg«. Vor allem die Blumenhändler schätzten sie wegen ihrer enormen Haltbarkeit: Tagelang konnte sie im Laden stehen, ohne dass die halb geöffnete Knospe etwas von ihrer Perfektion eingebüßt hätte. Die Hamburger Bildungsreformerin und Rosenfreundin Alma de l'Aigle schrieb 1957 in ihrem Buch *Begegnung mit Rosen,* sie sei geradezu wütend darüber, dass ausgerechnet diese Blume zu Millionen verkauft werde, »in die Hände und die Vasen liebender und geliebter Frauen ( … ), ohne etwas spüren zu lassen von dem, was nun einmal die Seele der Rose ist: der Duft«.

In einer Zeit, in der züchterische Prämissen wie Haltbarkeit und äußere Gestalt zählten, verhalf die Rosenliebhaberin Alma de l'Aigle

diesem unverzichtbaren Attribut der Rose zu neuer Ehre. Sie stellte
sich unerschrocken der Aufgabe, die unendliche Vielfalt der Düfte in
Worte zu fassen, und schenkte den Rosenfreunden einen umfassenden
Katalog der Duftkategorien. Sie unterteilte die Düfte nach Rosenklas-
sen, wie zum Beispiel *Canina, Centifolia*, »La France« oder Teerose,
und beschrieb weiterhin die Zuverlässigkeit eines Duftes: Ist er treu
oder launisch? Entfaltet er sich bei Regenwetter oder eher am Morgen? Viel assoziative Kraft investierte sie in die Charakterisierung des
Temperaments: Bei ihr können Düfte zaghaft, träge oder sphärisch
sein, hingebend, luftselig, unwillig oder ausladend. Für das eigentliche

»Ja, Gärten und Kinder sind es, um die es sich lohnt, zu leben.«
Die Hamburger Reformpädagogin und Rosensammlerin
Alma de l'Aigle in ihrem Garten.

Dufterlebnis scheute die Autorin weder Vergleiche aus der Tier- und Pflanzenwelt noch solche mit Speisen: Eine Rose riecht ihr nach Apfelschale oder Johannisbeersaft, nach Bienenwachs oder indischem Tee. Andere Vergleiche wirken nur auf den ersten Blick abwegig, wie die Duftnoten jener Rosen, die an Mädchenhaut nach der Heuernte, zerquetschtes Ungeziefer oder ungelüftete Zimmer erinnern sollen. Wem wären bei Geruchseindrücken nicht schon die gewagtesten Bilder zugeflogen oder ganz abgelegene Erinnerungen wieder in den Sinn gekommen?

Alma de l'Aigle jedenfalls wendete in ihrem Buch ihr ganz spezielles Duftvokabular auf mehr als siebenhundert gängige Rosensorten an. Ziemlich oft musste sie den pragmatischen Züchtern ihrer Zeit ins Stammbuch schreiben, was aus ihrer Sicht ein inakzeptabler Mangel jeder Rose sei: »Duftet gar nicht.«

Kein Geringerer als Karl Foerster verhalf dem Rosenbuch von Alma l'Aigle zum Durchbruch. Der legendäre Staudenzüchter aus Potsdam feierte das gerade erschienene Werk am 15. August 1957 in der Wochenzeitung *Die Zeit*: »Kenner und Nichtkenner kommen aus der Überraschung nicht heraus.« Laut Foerster war Alma de l'Aigles Werk »ein völlig neuer Typ unter den Rosenbüchern. (…) Ein universaler Geist ist bis in die unscheinbarsten Nebenbemerkungen spürbar«. Und tatsächlich: Neben der ausführlichen Sortenbeschreibung mitsamt der Charakterisierung des Duftes liefert die Autorin eine Fülle an kulturgeschichtlichen Informationen rund um die Rose und spart auch nicht mit Ratschlägen für die Praxis.

## *Ein Katalog der Rosendüfte*

Diese Besprechung war der Ritterschlag, doch ganz überraschend kam er nicht, denn Alma de l'Aigle war für Karl Foerster eine Schwester im Geiste. Beide waren Vertreter der Lebensreformbewegung, für beide war das Gärtnern der emotionale und intellektuelle Dreh- und Angelpunkt, der Schauplatz und die Voraussetzung eines gelungenen, lohnenden Lebens. Alma hatte ihre Kindheit in einem Selbstversorgerhaushalt

mit Petroleumlampe, Wasserpumpe und Komposttoilette hinter dem Haus verbracht. Ihr Vater, ein hugenottischer Rechtsanwalt, hatte auf dem großen, märchenhaften Gartengrundstück in Hamburg-Eppendorf Beeren, Gemüse, alte Obstsorten und sogar Weinstöcke angebaut, aber auch Beete voller Rosen – der Grundstein zu einer lebenslangen Leidenschaft war somit gelegt. Die junge Frau wurde Lehrerin an der Staatlichen Hilfsschule für Schwachbefähigte und gärtnerte mit ihren Schülern auf dem elterlichen Grundstück. Aufmerksame Naturbeobachtung gehörte ebenso zu ihrem Erziehungsstil wie die Achtung vor dem Leben, und sei es noch so unvollkommen – eine Einstellung, die sie unweigerlich in Konflikt mit den Machthabern des »Dritten Reichs« brachte.

»Marechal Niel« (Gemälde von Alma de l'Aigle).

Dieser Geist der Natur- und Menschenliebe spricht aus ihrem Buch ebenso wie die Genauigkeit der Beobachtung. Ihre *Begegnung mit Rosen* ist bei aller Faktenschwere von einem enthusiastischen, um nicht zu sagen schwärmerischen Stil geprägt. Dass es in den leistungsorientierten Wirtschaftswunderjahren zur Sensation werden sollte, war anfänglich nicht abzusehen. Ihr Verlag befand das Manuskript als ausufernd und wollte substanziell streichen, doch die Autorin blieb kompromisslos. Sie nahm eine Hypothek auf ihr Elternhaus auf, borgte Geld bei Bekannten und brachte das Buch im Selbstverlag heraus. »Damit es in recht viele Hände gelangen kann, habe ich, trotz der vornehmen Ausstattung, den Preis so niedrig wie möglich gehalten.« Das erste Exemplar widmete sie dem betagten Rosenfreund Konrad Adenauer.

Alma de l'Aigle gehört zu jenen Namensgeberinnen, die sich ihre Rose selbst erwählen durften. Anfang der 1950er Jahre sah sie beim Pinneberger Züchter Ernst Wohlt eine bereits aussortierte, namenlose Kordes-Rose und war begeistert: »So ein feiner rosa Farbschmelz ( … ) Sie müssen sie einfach veredeln, damit sich alle Menschen daran erfreuen können!« Der Züchter ließ sich überzeugen, arbeitete noch ein paar Jahre daran und brachte sie 1958 auf den Markt. Nach dem Tod der großen Rosenfreundin erhielt sie den Namen »Andenken an Alma de l'Aigle«. Selbstredend ist sie eine Duftrose. Die Autorin hatte sie in aller Vorfreude noch namenlos in ihr Buch aufgenommen. Sie schildert entzückt die mädchenhafte Ausstrahlung, die durchscheinenden Blütenblätter und beschreibt begeistert ihren Wohlgeruch: »Wie kühl und rein ist dieser *Canina*-Duft! Vogelleicht entschwebt er der Blüte.« Doch diese Charakterisierung erschien ihr wohl noch zu ungenau. Ergänzend stellte sie sich vor, wie eine Spaziergängerin ein Kopftuch voller Heckenrosenblüten sammle, und jene Mischung aus Mädchenhaar und Rosenblüte, das in etwa sei der Duft ihrer Lieblingsrose.

---

Wie in vielen ihrer Gemälde schmückt
die amerikanische Impressionistin Lilla Cabot Perry
auch hier die porträtierte Dame mit einer Blume.

# Rosarien
# und Rosengärten

## Deutschland

Deutsches Rosarium GRF
im Westfalenpark mit Haus
der Rose und Rosenbibliothek
An der Buschmühle 3
44139 Dortmund
*Ganzjährig und tägl. geöffnet*
*www.rosarium.dortmund.de*

Europa-Rosarium Sangerhausen
mit Bibliothek, Genbank
und Rosenschule
Am Rosengarten 2a
06526 Sangerhausen
*Ganzjährig und tägl. geöffnet*
*www.europa-rosarium.de*

Gönneranlage Baden-Baden
Rosengarten im Jugendstil
An der Lichtentaler Allee
76530 Baden-Baden
*Ganzjährig und tägl. geöffnet*
*www.bad-bad.de/sehen/*
*goenneranl.htm*

Italienischer Rosengarten Mainau
78465 Insel Mainau
*Ganzjährig und tägl. geöffnet*
*www.mainau.de*

Ostdeutscher Rosengarten
mit Standesamt
Wehrinselstraße 42
03149 Forst (Lausitz)
*Ganzjährig und tägl. geöffnet*
*www.rosengarten-forst.de*

Rosarium Uetersen
mit Hochzeitsinsel und Lehrgarten
Wassermühlenstraße
25436 Uetersen
*Ganzjährig und tägl. geöffnet*
*www.rosarium-uetersen.de*

Rosengarten Bad Langensalza
mit Museum
Vor dem Klagetor 3
99947 Bad Langensalza
*Von Mai bis Oktober tägl. geöffnet*
*www.badlangensalza.de*

Rosengarten Zweibrücken
mit Museum und Standesamt
Rosengartenstraße 50
66482 Zweibrücken
*Von April bis Oktober tägl. geöffnet*
*www.europas-rosengarten.de*

Rosenmuseum Steinfurth
Alte Schulstraße 1
61231 Bad Nauheim
*Ganzjährig von Di. bis So. geöffnet*
*www.rosenmuseum.com*

Schleswig-Holsteinisches
Landwirtschaftsmuseum Meldorf
Rosensammlung von Gerda Nissen
Jungfernstieg 4, 25704 Meldorf
*Ganzjährig und tägl. geöffnet*
*www.landwirtschaftsmuseum-*
*schleswig-holstein.de*

## Österreich

Rosarium im Doblhoffpark
Helenenstraße 2
2500 Baden (Wien)
*Ganzjährig und tägl. geöffnet*
*www.baden.at*

Rosarium im Donaupark
Donauturmstraße /Arbeiter-
strandbadstraße (22. Bezirk)
1010 Wien
*Ganzjährig und tägl. geöffnet*
*www.wien.gv.at*

Rosengemeinde Feistritz
mit Rosengarten, -museum
und -pfad
9181 Feistritz im Rosental
*www.feistritz-rosental.gv.at*

## Schweiz

Rosengärten von Rapperswil
mit Blindenrosengarten
Beim Kapuzinerkloster
Endingerstraße
8640 Rapperswil
*www.rapperswil-jona.ch*

Rosenstadt Bischofszell
mit diversen Gärten
in der barocken Altstadt
9220 Bischofszell
*www.bischofszellerrosenwoche.ch*

Roseraie du Parc La Grange
Rue de Lausanne 116
1202 Genf
*Ganzjährig und tägl. geöffnet*
*www.ville-geneve.ch*

## Belgien

Rosengarten Kasteel Hex
3870 Heers-Heks
Während der Pflanzen-
und Rosenfeste im Juni und
September geöffnet
*www.hex.be*

Rosengärten von
Schloss Coloma
mit Rosenmuseum
Joseph Depauwstraat 25
1600 Sint-Pieters-Leeuw
Von Mai bis Oktober Di.
bis So. geöffnet
*www.sint-pieters-leeuw.be*

## Frankreich

Beaujoire Rose Garden
Le Parc de la Beaujoire
Route de St Joseph
44000 Nantes
*Ganzjährig und tägl. geöffnet*
*www.jardins.nantes.fr*

Les Chemins de la Rose
Die Wiege der französischen
Rosenzucht
Parc de Courcilpleu
Route de Cholet
49700 Doué la Fontaine
*Von Mai bis September tägl. geöffnet*
*www.cheminsdelarose.fr*

Roseraie du
Parc de Bagatelle, Paris
Bois de Boulogne
Allée de Longchamp, Route
de Sèvres à Neuilly, 75016 Paris
*Ganzjährig und tägl. geöffnet*
*www.paris.fr*

Roseraie du Parc de la Tête d'Or
Place Général Leclerc, 69006 Lyon
*Ganzjährig und tägl. geöffnet*
*www.lyon.fr*

La Roseraie du Val-de-Marne
Rue Albert Watel,
94240 L' Haÿ-les-roses
*Von Mai bis September tägl. geöffnet*
*www.roseraieduvaldemarne.com*

### Großbritannien

Munstead Wood Garden
Haus und Garten von
Gertrude Jekyll
Heath Lane, Busbridge
Godalming, Surrey GU7 1UN
*www.gertrudejekyll.co.uk*

Queen Mary Rose Garden
Inner Circle, Regent's Park
London NW1
*Ganzjährig und tägl. geöffnet*
*www.royalparks.org.uk*

Royal National
Rose Society Gardens
Chiswell Green Lane, St. Albans
Hertfordshire AL2 3NR
*Für Nichtmitglieder der RNRS*
*nur im Juni / Juli geöffnet*
*www.rnrs.org*

Sissinghurst Castle Garden
Haus und Garten von
Vita Sackville-West
Biddenden Road, Sissinghurst
nahe Cranbrook, Kent TN17 2AB
*Von Mai bis Oktober Fr. bis Di. geöffnet*
*www.nationaltrust.org.uk/*
*sissinghurst*

The City of Belfast International
Rose Garden Sir Thomas &
Lady Dixon Park
Upper Malone Road
Belfast BT17 9LA
*Ganzjährig und tägl. geöffnet*
*www.belfastcity.gov.uk/rosegardentour*

### Irland

St. Anne's Rose Garden
St. Anne's Park
336 Howth Rd.
Clontarf/Raheny, Dublin 5
*Ganzjährig und tägl. geöffnet*
*www.dublincity.ie*

### Italien

Museo Giardino
della Rosa Antica
Via Giardini Nord 10250
41028 Montagnana di Serramazzoni
*Ganzjährig von Mi. bis So. geöffnet*
*www.museoroseantiche.it*

Roseto Botanico
Carla Fineschi
mit Museum
Località Casalone 76
52022 Cavriglia
*Von Mai bis Juni Mo. bis Fr. geöffnet*
*www.rosetofineschi.it*

Roseto Niso Fumagalli
Villa Reale
Viale Brianza 1, 20900 Monza
*Von Mitte April bis Mitte Juli tägl.,*
*im September von Mo. bis Fr. geöffnet*
*www.airosa.it*

## Niederlande

**Rosarium Winschoten**
Meester D.U. Stikkerlaan 3
6975 AB Winschoten
Ganzjährig und tägl. geöffnet
*www.rozenvereniging.nl*

**Westbroekpark Rosarium**
Kapelweg 35, 2587 BK Den Haag
*Ganzjährig und tägl. geöffnet*
*www.denhaag.nl*

## Spanien

**Rosaleda de Ramón Ortiz**
Parque del Oeste
Calle Rosaleda 2, 28008 Madrid
*Ganzjährig und tägl. geöffnet*
*www.madrid.es*

## Australien

**National Rose Garden**
Woolmers Estate
Woolmers Lane Longford
Tasmania 7301
*Ganzjährig und tägl. geöffnet*
*www.woolmers.com.au*

## USA

**American Rose Center**
Garten der American Rose Society
Jefferson Paige Road
Shreveport, LA 71119
*Ganzjährig von Mo. bis Fr. geöffnet*
*www.ars.org*

**Brooklyn Botanic Gardens**
900 Washington Avenue
Brooklyn, NY 11225
*Ganzjährig von Di. bis So. geöffnet*
*www.bbg.org*

**Historic Hershey Rose Garden**
170 Hotel Road, Hershey, PA 17033
Von April bis Oktober tägl. geöffnet
*www.hersheygardens.org*

**Huntington Botanical Gardens**
1151 Oxford Road
San Marino, CA 91108
*Ganzjährig von Mi. bis Mo. geöffnet*
*www.huntington.org*

# Literatur

*Die hier aufgeführten Werke zeigen nur eine kleine Auswahl der von der Autorin verwendeten Literatur und sollen zum Weiterlesen anregen.*

de l'Aigle, Alma, *Begegnung mit Rosen*, Moos 1977.

Brown, Jane, *The Pursuit of Paradise*, London 1999.

Brumme, Hella, *Europa-Rosarium. Ein Führer durch das Rosarium Sangerhausen*, Wettin OT Dößel 2010.

Cogliati Arano, Luisa (Hg.), *The Medieval Health Handbook: Tacuinum Sanitatis*, Mailand 1976.

Donzel, Catherine, *Geliebte Blumen. Eine Kulturgeschichte*, Hildesheim 1998.

Duve, Karen / Völker, Thies, *Lexikon berühmter Pflanzen*, München 2002.

Fink-Henseler, Roland W., *Naturrezepte aus der Hausapotheke*, Bindlach 1995.

Grimm, Claus, *Stillleben*, Stuttgart 2001.

Harkness, Peter, *Rosen*, München 2005.

Hobhouse, Penelope, *Der Garten. Eine Kulturgeschichte*, Starnberg 2003.

Hobhouse, Penelope, *Illustrierte Geschichte der Gartenpflanzen*, Bern 1992.

Honegger, Andreas, *Die Blumen der Frauen*, München 2011.

Hücking, Renate, *Süchtig nach Grün. Gärtnerinnen aus Leidenschaft*, München 2007.

Irvine, Susan, *Susan Irvine's Rose Gardens*, South Melbourne 1997.

Jekyll, Gertrude, *Roses for English Gardens*, Boston 2004.

Lack, Hans Walter, *Ein Garten Eden. Meisterwerke der botanischen Illustration*, Köln 2001.

Lanfranconi, Claudia / Frank, Sabine, *Die Damen mit dem grünen Daumen*, München 2008.

Lindner, Sandra / Becker, Jürgen, *Rosen: Sorten, Pflege und Gestaltung*, Köln 2007.

Lucie-Smith, Edward, *Flora: Gardens and Plants in Art and Literature*, Köln 2001.

Nissen, Gerda, *Alte Rosen*, Heide 2011.

Potter, Jennifer, *The Rose*, London 2011.

The Royal Horticultural Society, *Rosen. Die große Enzyklopädie*, München 2010.

Sackville-West, Vita, *Mein Garten*, München 2001.

Thomas, Graham Stuart, *A Garden of Roses. Watercolours by Alfred Parsons*, London 1987.

Volkmann, Helga, *Unterwegs nach Eden. Von Gärtnern und Gärten in der Literatur*, Göttingen 2000.

Wettengl, Kurt (Hg.), *Maria Sibylla Merian*, Ostfildern-Ruit 1997.

# Personenregister

# Rosenregister

# Bildnachweis

akg-images, Berlin: Seite 6/7, 12 (Erich Lessing), 22 (Laurent Lecat), 28 (Erich Lessing), 54, 63 (Orsi Battaglini), 65 (Erich Lessing), 134

Artists' House Gallery, Philadelphia: 38, 50, 57, 76, 101, 139

Artothek, Weilheim: 102, 107

bpk, Berlin: 116, 118 (Daniel Lindner, Stiftung Preußische Schlösser und Gärten Berlin-Brandenburg)

Bridgeman Images, Berlin: Umschlagabbildung, 10, 20, 25, 27, 31, 43, 58, 61, 75, 82, 89, 93, 113, 146/147, Umschlagrückseite

Corbis, Berlin: Umschlagabbildungen unten

Dithmarscher Landesmuseum: 48 (Stefan Carstensen)

Getty Images, München: 45

Martin Hlauka (Pescan), Sieradz: 37

Interfoto, München: 1, 105, 114, 145

Vladimír Ježovič, Zvolen: 35

Keystone, Hamburg: 40

Meilland International, Le Luc-en-Provence: 135, 136, 137

National Portrait Gallery, London: 29

Nationalmuseum Stockholm: 86

Marion Nickig, Essen: 46, 47, 152, 154, 160

picture-alliance, Frankfurt am Main: 84, 126

Rhodes House, Oxford: 68

Roseraie du Val-de-Marne, L'Haÿ-les-Roses: 129, 130, 132

ullstein bild, Berlin: 33, 41, 67, 71, 78, 120

Warley Place, Essex: 122, 124

Die Wiedergabe der Fotos von Susan Irvine (Seite 52) und ihrem ehemaligen Anwesen (Seite 55) erfolgt mit freundlicher Genehmigung von Penguin Books Australia.

Weitere Nachweise über das Bildarchiv des Insel Verlags.